大雅叢刊

泛 敍 利 亞 主 義

一 歷史與政治之分析 一

Pan–Syrianism—A Historical and Political Analysis

朱張碧珠 著／三民書局 印行

國立中央圖書館出版品預行編目資料

泛敍利亞主義：歷史與政治之分析＝
Pan-Syrianism : a historical and
political analysis／朱張碧珠著.--
初版.--臺北市：三民，民82
面；　　　公分.--（大雅叢刊）
參考書目：面
ISBN 957-14-2004-2 （精裝）
ISBN 957-14-2005-0 （平裝）

1.中東問題

578.1935　　　　　　　　　　82002392

© 泛敍利亞主義
—歷史與政治之分析

著　　者　朱張碧珠
發 行 人　劉振強
著作財產權人　三民書局股份有限公司
印 刷 所　三民書局股份有限公司
　　　　　地址／臺北市重慶南路一段六十一號
　　　　　郵撥／○○○九九九八─五號
初　　版　中華民國八十二年四月
編　　號　S 57071
基本定價　肆元肆角肆分
行政院新聞局登記證局版臺業字第○二○○號

ISBN 957-14-2005-0 （平裝）

泛敍利亞主義
——歷史與政治之分析

Pan-Syrianism——A Historical and Political Analysis

目　錄

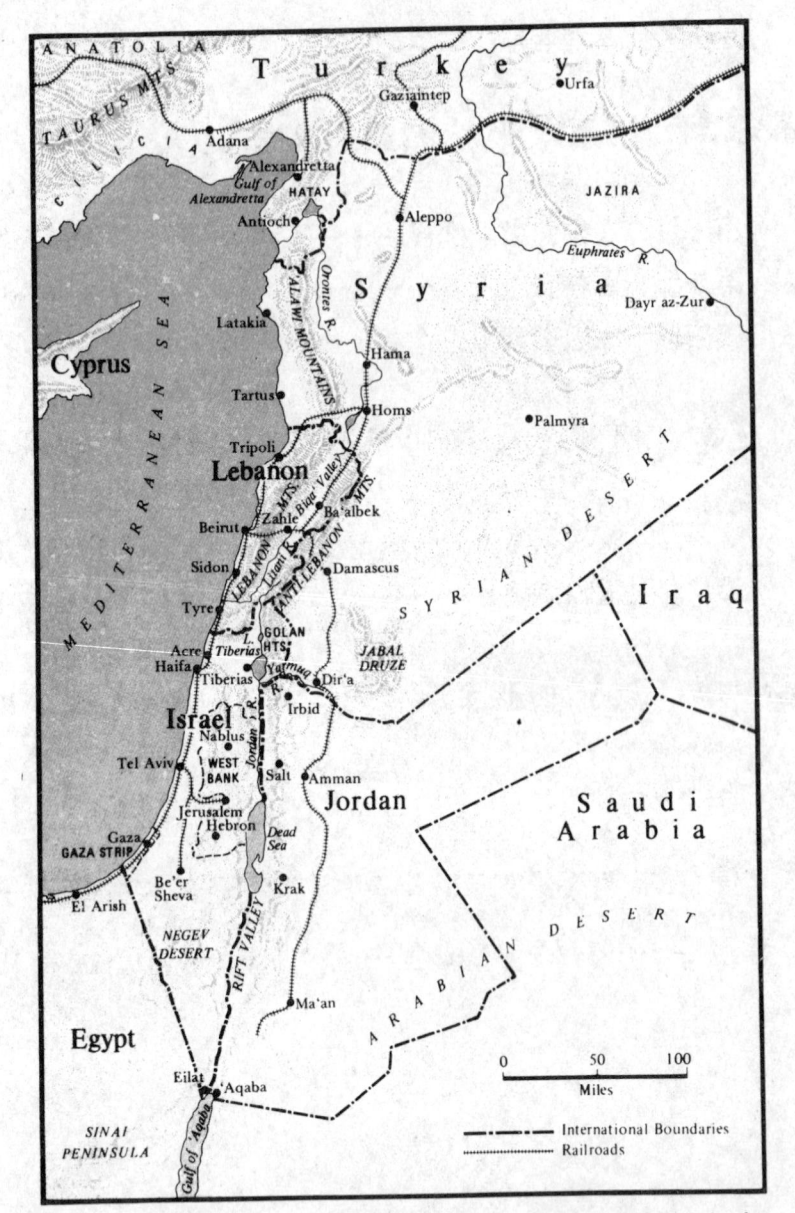

圖一　大敍利亞——大敍利亞爲從土耳其邊境延伸至埃及邊
　　　境，從伊拉克邊緣至地中海之一地區。

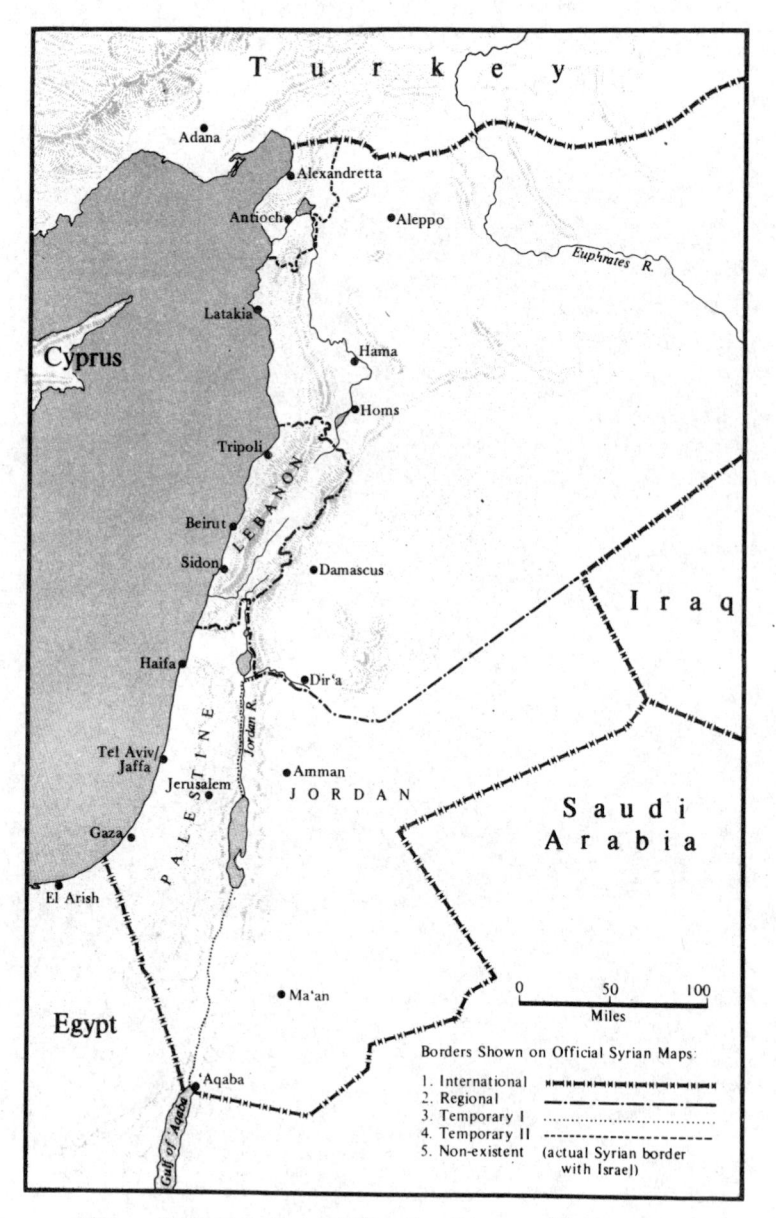

圖二　敍利亞官方地圖顯示之疆界：1.國際　2.區域
3.暫時　4.暫時　5.不存在

前　言

　　今日敍利亞、黎巴嫩、約旦、巴勒斯坦、土耳其及伊拉克一部分領土,乃古稱大敍利亞(the Sham, the Greater Syria)之地，是歷史上統一阿拉伯帝國的一部分，敍利亞曾以大馬士革爲中心，建立伊斯蘭翁美亞帝國 (the Islamic Umayyad Empire)，十六世紀至一次大戰結束，成爲鄂圖曼土耳其帝國阿拉伯屬地。

　　十九世紀以降,鄂圖曼土耳其帝國積弱不振,阿拉伯人受西方民族主義思潮鼓舞，提出泛敍利亞主義 (Pan-Syrianism)，希望轉換大敍利亞地理區劃爲國家認同，脫離鄂圖曼土耳其帝國桎梏，建立獨立自主國家，再現歷史上阿拉伯人團結一統局面。然而由於有些阿拉伯人，心目中的阿拉伯世界，甚爲狹隘，僅及於大敍利亞範圍，而有些阿拉伯人，則將波斯灣以迄大西洋廣大區域，均視爲阿拉伯世界，故使泛敍利亞主義遂有純粹及務實之分。

　　一次大戰後，鄂圖曼土耳其帝國分崩瓦解，垂涎阿拉伯地區的英法殖民帝國，罔顧阿拉伯人實現大敍利亞國家的願望，以蠻橫的手段，任意劃分大敍利亞疆界，使在敍利亞之外，創造出約旦、黎巴嫩、巴勒斯坦。二次大戰期間，更熱衷猶太復國運動，並助其在戰後建立以色列國於巴勒斯坦。列強的恣意

安排，傷害阿拉伯人民族自尊和情感，至為深刻，造成此一地區擾攘紛爭，迄今七十五年，仍然懸而未決。

　　泛敍利亞主義在十九世紀滋生、萌芽，一九二○年代至五○年代，成為中東政治主要議題，許多知名人士，譬如費蘇爾（Faisal）、沙德（Antun Saada）、阿布都拉（Abudullah）等，均曾為其奉獻一生，死而後已。當時雖有許多泛敍利亞的努力、嘗試，可惜最後都功虧一簣。五○年代至七○年代，由於埃及大力鼓吹的泛阿拉伯主義，喧騰、席捲阿拉伯世界，使得泛敍利亞主義趨於消沉。待七○年代，敍利亞阿塞德(Hafiz al-Asad)（或 Hefez al-Assad）總統崛起之後，情勢始大為改觀，蟄居已久的泛敍利亞主義，終於重獲生機。

　　阿塞德盱衡敍利亞主客觀形勢，認為務實泛敍利亞主義最切合實際，同時亦最能符合當前敍利亞利益。故而在泛阿拉伯主義旗幟掩飾下，默默復甦泛敍利亞主義。不但在國內滿足佔絕大多數人口遜尼回教徒（Sunni Muslims）的泛阿拉伯情結，也顧及少數族羣的泛敍利亞認同，帶來前所未有的秩序與繁榮。在對外關係上，也因表面強調阿拉伯統一，尊重鄰國主權，而摒除鄰國對敍利亞野心疑慮，予其隱密、積極佈署大敍利亞戰略計畫機會，使其對鄰國作實質、霸權之控制。

　　阿塞德個人及敍利亞國家聲望，在泛敍利亞主義引導下，不斷提昇。於今，敍利亞儼然中東一霸，活躍中東政治舞臺，特別在中東和平談判中，更居於重要關鍵角色。誠如美前國務卿季辛吉（Henry Kissinger）所言：「中東無敍利亞，則無和平可言。」（There can be no peace without Syria）敍利亞地位實不容輕忽。西方對於敍利亞阿塞德，及其奉行的泛敍

利亞主義諱莫如深，常有撲朔迷離、難以捉摸之憾。吾人以爲要瞭解今日的敍利亞，要瞭解阿塞德本人，要瞭解錯綜複雜的阿拉伯國家互動關係，譬如：敍利亞爲何對以色列敵意最深，最強烈反對以色列在巴勒斯坦建國？敍利亞爲何介入黎巴嫩內戰？且至今不肯撤軍？爲何敍利亞與約旦關係曖昧不明？敍利亞爲何反對巴解（the Palestine Liberation Organization, PLO）宣佈建國？爲何分裂法塔（al-Fatah）組織？爲何支持巴解親敍強硬派系，攻擊巴解主席阿拉法特（Yasir Arafat）？敍利亞爲何幕後支持恐怖主義，卻又矢口否認，且助西方解決人質問題？波灣戰前，爲何美不但未迫敍從黎撤軍，反默許敍清除黎親伊拉克基督敎奧恩（Michel Aoun）勢力？波灣開戰，爲何敍加入聯軍，而約旦、巴勒斯坦人卻倒向伊拉克等等。求諸泛敍利亞主義之研究，不失爲一有利、重要途徑。因之，多年來，吾人搜集許多有關書籍、論著，諸如：派普斯（Daniel Pipes）之《大敍利亞：一部野心的歷史》(*Greater Syria:The History of an Ambition*)、毛斯（Moshe Maóz）之《阿塞德：大馬士革之獅》(*Asad: The Sphinx of Damascus*)、毛斯與雅尼夫（Avner Yaniv）之《阿塞德統治下之敍利亞：國內限制和區域風險》(*Syria under Assad: domestic constraints and regional risk*)、溫柏格（Naomi Joy Weinberger）之《敍利亞介入黎巴嫩：一九七五—七六內戰》(*Syrian Intervention in Lebanon: The 1975-76 Civil War*)、阿布都馬里克（Anouar Abdel-Malek）之《當代阿拉伯政治思想》(*Contemporary Arab Political Thought*)、皮斯卡多利（James P. Piscatori）之《在民族國家世界的伊斯蘭》

(*Islam in a World of Nation-States*)、希羅（Dilip Hiro）
之《中東內部》(*Inside the Middle East*)、佛里曼（Robert
O. Freedman）之《中東：在以色列入侵之後》(*The Middle
East: After the Israeli Invasion of Lebanon*)、波克
（William R. Polk）之《今日阿拉伯世界》(*The Arab World
Today*)、蘭若斯基（George Lenczowski）之《世界局勢中
之中東》(*The Midde East in World Affairs*) 等，及中
英文期刊、雜誌、報紙相關資料，耗費經年，詳加閱讀、分
析、作成筆記。有感於國內對於泛敍利亞主義此一問題尚少論
及，故不揣冒昧，茲就其特性、定義、興起背景、發展演變、
今日阿塞德大敍利亞計畫之進展、策略，以及其對中東政治的
影響等，以歷史、制度、描述性方法，作衡平、客觀的析理，
期使讀者對於當前敍利亞及中東國際政治有更深入的瞭解。

第 一 章
泛敍利亞主義課題之特性

在探討泛敍利亞主義之前，吾人應對泛敍利亞主義此一課題的特性，略加說明。概括言之，其特性有二，第一、其乃是一被壓抑的課題。第二、其是一重要課題。分述如下：

第一節　泛敍利亞主義是一被壓抑的課題

泛敍利亞主義號召力與知名度不及泛阿拉伯主義 (Pan-Arabism)，有其原因。除了埃及大力宣傳泛阿拉伯主義、埃及總統納瑟 (Gamal Abdul Nasser) 深具政治魅力，泛阿拉伯主義的訴求，較能引起廣大遜尼回教徒共鳴以外，最重要的因素，乃是泛敍利亞主義要求大敍利亞疆界重劃，勢將改變當地政治權力結構，牽涉許多國家利益得失及勢力消長，故泛敍利亞主義除了吸引少數族羣興趣外，較難號召佔絕大多數人口之遜尼阿拉伯人支持。特別利害攸關的列強（如英法美等）與傳統中東大國（埃及、沙烏地阿拉伯），爲顧及本國利益，不斷給予泛敍利亞主義掣肘與壓抑❶，使其較不爲人所知。

譬如列強中之英國，一次大戰前，及二次大戰期間，本贊同泛敍利亞主義，兩度欲推動親英大阿拉伯國、或阿拉伯邦

聯，使得以繼續控扼地中海至波斯灣陸路交通，維護大英帝國生命線安全 ❷，但終因利慾薰心，醉心權術謀略，而錯失良機。

　　法國是歐洲列強中，最早在勒芬特（Levant）（敍利亞、黎巴嫩）發展勢力及建立基地者。阿拉伯民族主義者對法國最為嫌惡，而相對的，法國亦最厭煩泛敍利亞主義，法國始終懷疑英扶植阿拉伯民族主義分子，真正企圖是在排除勒芬特法國勢力，並取而代之 ❸。故法國極力促成與英簽訂密約——賽克斯皮可協定（the Sykes-Picot agreement）（以英法代表賽克斯（Mark Sykes）爵士、皮可（George Picot）為名），迫使英國取消對哈希邁（Hashemite）家族海志（Hijaz）王國薛里夫胡笙（Sharif Husein）之承諾，法英協議瓜分大敍利亞，法並建立大黎巴嫩，藉以分裂阿拉伯人大敍利亞共識，阻撓大敍利亞之實現 ❹。

　　美國在一次大戰後，因中東主要為英法勢力範圍，利益未均霑，故較同情阿拉伯民族願望，但其後因石油利益，必須與沙烏地阿拉伯維持友好關係（沙國反對泛敍利亞主義），同時因國內猶太人大力支助猶太復國運動，因此轉而反對泛敍利亞主義 ❺。

　　至於德國基本上因戰略利益，同情泛敍利亞主義，對抗英法勢力。前蘇聯在一次大戰前後因內部革命動亂，無暇顧及中東政局，及至二次大戰爆發，基於戰略考慮，利用阿拉伯人反西方殖民帝國，仇視猶太人情緒，表面上支持阿拉伯民族解放運動，實際上係為伸張勢力，積極進行共黨滲透 ❻，對於泛敍利亞主義，基本上無何興趣。

至於中東的土耳其，因兼併敍利亞亞歷山大勒達省（Ale-xandretta，其後改為海推（Hatay）共和國），與敍利亞關係惡劣，故亦不喜大敍統一，以免敍利亞重申亞歷山大勒達省主權❼。埃及一向將尋求大一統的敍利亞，視為競爭主宰阿拉伯政治之主要敵手，埃及不願見阿拉伯半島北方形成一大國，威脅埃及傳統優勢地位，埃及亦不喜約旦前國王阿不都拉兼併西岸之舉，故意將被放逐的耶路撒冷穆夫提（Mufti）（回教領袖）放回，助其鼓吹巴勒斯坦分離運動❽。埃及前總統沙達特（Anwar as-Sadat）生前常反對阿塞德欲創一大敍利亞計畫。現今總統穆巴拉克（Husni Mubarak）更明白指出，其反對任何改變黎巴嫩、約旦現狀，變成敍利亞領土的一部分，或清除巴解，使兼併入大敍計畫中❾。沙烏地阿拉伯亦不喜仇人哈希邁家族領導大敍統一，因擔心哈希邁一旦強大，勢將要求沙烏地阿拉伯歸還其祖先家園——海志❿。

由上述得知，相關各國利益不一，故對泛敍利亞主義態度自然不同。除英國外，絕大多數持反對立場，故泛敍利亞主義遭受貶抑，自是意料中事。

第二節　泛敍利亞主義是一重要課題

泛敍利亞主義雖然遭受漠視，但卻絲毫未減其重要性。事實上，自從十九世紀末，敍利亞基督徒布斯坦尼（Butrus al-Bustani）提出泛敍利亞主義概念後，中東阿拉伯政治主要即圍繞在此一課題下發展⓫。一九一八年英法瓜分大敍利亞地圖，

造成之疆界問題，不但至今仍然存在，且有愈演愈烈之勢。吾人皆知，如今，巴勒斯坦問題已然是阿以衝突的癥結，並由此引發質疑某些國家合法性，及國家構成因素究竟為何之問題。譬如原屬南敍利亞的巴勒斯坦居民，近年來對巴勒斯坦感情愈趨濃厚，致使其淡忘或否認泛敍利亞、泛阿拉伯之觀念，而將整個巴勒斯坦（包括約旦），視為一有效政治單位，並逐漸獲得國際認可。再者，約旦的創立，原為英國的暫時安排，但是多年來約旦政權存在的事實，使其合法性及國際地位難以被否定。今日，約旦人有些滿意現狀，有些則認為其領土應包括約旦河西岸（West Bank）及迦薩走廊（Gaza Strip），或再加入敍利亞和黎巴嫩。另外在黎巴嫩，少數族羣，如基督教馬龍派（Maronite）、什葉（Shi'is）、德魯士（Druze）（希臘正教（Greek Orthodox）除外），均接受目前疆界，將黎巴嫩界定為今黎巴嫩現狀。但是黎境之遜尼（Sunni）則不滿現實，認為現有黎巴嫩疆界，實造成阿拉伯統一嚴重障礙，黎敍應該合併，重新劃界。至於敍利亞境內的遜尼阿拉伯人，認為敍利亞與土耳其間之疆界極不合理，敍利亞領土應往前伸展，收復為土合併之亞歷山大勒達省。敍利亞與其他鄰國的疆界，亦皆人為、不自然疆界，均應予以劃除。但是敍境少數族羣，有些則同意敍利亞維持目前領土範圍。至於以色列，阿拉伯國家（埃及除外）率皆反對以色列政權合法性。而在以色列內部，某些猶太人，滿意一九四八年聯合國分治計畫（the Partition Plan）劃分之疆界，有些認為應維持現狀，但有些猶太人則希望延伸疆界，使包括西岸和迦薩 ⑫。這些問題，均造成中東國家間關係緊張、政局不安，並波及世局動盪。

　　時至今日,泛敍利亞主義, 在阿塞德政策中,扮演極其重要角色, 英美官員均直言泛敍利亞主義在敍利亞仍是一有力、積極的政治迷思 ❸。根據英國《經濟學人》(the Economist) 分析指出, 現今住在大敍利亞者, 仍有許多人傾向泛敍利亞主義, 特別是對泛阿拉伯主義失望者而言, 泛敍利亞主義更具吸引力。譬如利比亞總統格達費 (Mu'ammar al-Qadhdhafi) 曾說:「如敍利亞有能力以武力統一約旦、黎巴嫩, 我們支持之, 因爲其是走向阿拉伯統一的第一個步驟。」❹

　　總而言之, 泛敍利亞主義是一個被列強及中東傳統勢力壓制、故意忽視, 但又難掩其重要性, 值得吾人深思、探討的政治課題。在現今大敍利亞境內居民, 幾乎無一族羣相信敍利亞目前疆界爲最後固定疆界。換言之, 每一個敍利亞人皆相信, 敍利亞現有疆界係人爲、不自然的疆界, 敍利亞有權擴張之。敍利亞官方地圖道盡敍利亞政府及人民的心聲, 因爲其將一九八一年爲以色列兼併之戈蘭高地, 仍視爲敍利亞領土, 敍利亞與黎巴嫩、約旦的邊界, 劃成地區分界, 而非國際疆界。以色列不存在, 被替之以「巴勒斯坦國」, 以虛線 (暫時邊界)從敍利亞劃出。亞歷山大勒達省, 早在一九三九年爲土耳其兼併, 亦劃入敍利亞版圖中, 成爲敍領土之一部分 ❺。

第 二 章
何謂泛敍利亞主義

第一節　泛敍利亞主義之定義

泛敍利亞主義，簡言之，即大敍利亞主義。其是追求敍利亞國家認同，民族解放，及歷史（自然）疆界重新統一的區域整合。它是阿拉伯世界歷史最悠久，影響最深遠的思想意識型態，也是阿拉伯世界第一個政治運動，更是泛阿拉伯一統概念之濫觴。

泛敍利亞主義從十九世紀開始發展迄今，隨時代的演變，追求的目標，呈現階段性之不同。換言之，其從早期彰顯、復興阿拉伯文化、傳統，到促進敍利亞國家認同，並進而尋求脫離鄂圖曼土耳其帝國統治，獨立自主。迨一次大戰後，列強任意劃分阿拉伯領土，則更訴諸大敍利亞自然疆界的復合，亦即大敍利亞計畫之實現。

吾人從泛敍利亞主義追求之目標，進一步引申出泛敍利亞主義包括以下三個基本要義：　一、敍利亞民族主義（Syrian Nationalism）、二、阿拉伯民族主義（Arab Nationalism）、三、大敍利亞計畫(the Plan of Greater Syria)。詳述如次：

一、敍利亞民族主義： 泛敍利亞主義是發揚敍利亞民族精神的敍利亞民族主義。質言之，敍利亞知識分子，在敍利亞社會缺乏國家認同的背景，和埃及民族主義的刺激之下，深感復興阿拉伯文化，促進國家認同之必要。

首先談到敍利亞社會缺乏國家認同。吾人皆知，歷史上，只有敍利亞之地名，而沒有所謂敍利亞之國家。西元七世紀，阿拉伯人曾短暫統一阿拉伯世界，大馬士革成為伊斯蘭翁美亞帝國首府，此後至廿世紀，敍利亞境內，不曾出現任何獨立政治實體。西元七五〇年以後，敍利亞之地，歷經歐洲十字軍及鄂圖曼土耳其人佔領、統治。一五一六年，鄂圖曼蘇丹蘇里曼一世 (Selim I)，將敍利亞分成大馬士革 (Damascus)、阿勒坡（Aleppo）、的黎波里（Tripoli）三區，其後又加入錫登 (Sidon)（後改名貝魯特 (Beirut)）（的黎波里時與錫登或大馬士革合併），而成四區 ⓰。因此，敍利亞自古以來，完全沒有國家意識，只有濃厚的地域觀念。加上當地宗敎、種族、語言、文化本已極其複雜，故使得敍利亞社會，充滿衝突、敵意與分歧。特別在一八四五年到一八六〇年間，當地發生嚴重的宗敎衝突，導致當地居民無所適從，不知團結為何物。西元一八五三年夏弗第斯貝瑞爵士 (Lord Shaftsbury) 曾經提到：「敍利亞是一個沒有國家的國家」(a country without a nation) ⓱。

當敍利亞境內宗敎嚴重衝突時，適有一著名政治思想家——基督敎馬龍派知識分子布斯坦尼，提出泛敍利亞民族主義 (Pan-Syrian Nationalism) 主張，認為消弭宗敎衝突根本之道，在於引進歐洲民族國家觀念，喚起敍利亞居民國家意

識，拋棄種族、宗教信仰、語言、文化等之差異，認同敍利亞
這塊土地，將千百年來卽已存在的敍利亞地理觀念，轉換成爲
國家概念，發揚、復興阿拉伯歷史文化傳統，使敍利亞境內居
民，產生休戚與共的命運感，建立起自己的家園 ⑱。

　　其次，談到埃及民族主義的刺激。十九世紀末，敍利亞更
受到埃及民族主義興起之衝擊，激起民族自覺，產生了敍利亞
民族意識。緣因十八世紀以來，許多敍利亞人相繼至埃及就學
或就業，漸漸地在埃及工、商、知識界嶄露頭角，影響力日漸
擴大。其人數雖不多，但因客居異地，彼此倍感親切。久而久
之,有些敍利亞人警覺，其中有些人已逐漸淡忘其來自敍利亞，
完全溶入當地社會，失去特徵。他們認爲埃及人與敍利亞人雖
同爲阿拉伯人，使用阿拉伯語，但基本上，二者截然有別。譬
如埃及人太過自傲，自視極高，常以自我爲中心，甚不足取。
敍利亞人因此自囿於一地，以敍利亞人自居，認爲敍利亞各族
羣，實應摒除各種歧異，團結一致，建立獨立政治實體 ⑲。

　　二、阿拉伯民族主義：泛敍利亞主義是尋求阿拉伯民族解
放的阿拉伯民族主義 。 歷史上， 敍利亞人一直被視爲阿拉伯
人。中東問題專家派普斯曾說: 敍利亞民族自覺，產生了雙重
民族主義，其一爲敍利亞民族主義，另一爲阿拉伯民族主義，
二者齊頭並進 ⑳。

　　爲何說泛敍利亞主義包含阿拉伯民族主義，主要乃因其志
在爭取阿拉伯人與**鄂圖曼土耳其帝國**突厥人種同享政治上公平
合理的權力，以便分權自治，甚或獨立自主，建立主權國家。
探究泛敍利亞主義產生的背景是，十九世紀初，**鄂圖曼土耳其**
帝國內憂外患，國力日趨衰微，列強趁機兼併、瓜分其領土、

屬地（譬如法國分別在一八三○年、一八八一年、一九○七年，佔領阿爾及利亞、突尼西亞、摩洛哥。英國在一八七八年、一八八二年，分別佔領塞普魯斯、埃及。）帝國境內各民族，眼見帝國運祚危在旦夕，唯恐遭池魚之殃，淪為英法殖民地，遂紛紛求去，譬如巴爾幹半島的希臘、羅馬尼亞、塞爾維亞、門的內哥羅、保加利亞等均相繼宣佈獨立 ⓴。阿拉伯半島上的阿拉伯人，因之躍躍欲試，亦欲追隨其後。

阿拉伯半島本為鄂圖曼土耳其帝國屬地，表面上（或名義上），阿拉伯半島除亞丁、波斯灣畔酋長國外，均在鄂圖曼土耳其帝國主權控制之下，但實際上，有些地方與鄂圖曼土耳其帝國的主從關係，早已名存實亡。譬如中央阿拉伯內志 (Nejd) 統治者伊本·沙德 (Abdul Aziz Ibn Saud)，一九○一年打敗敵手拉希德（Rashids），光復利雅得後，即在內志鞏固政權，形同獨立。而海志(阿拉伯半島西北部)、美索不達米亞、敍利亞，受到土耳其「坦濟麥」(Tanzimat)（青年土耳其黨 (the Young Turks) 之改革運動）及伊朗立憲革命刺激，則心懷異志，各有盤算。當時鄂圖曼土耳其帝國對海志、美索不達米亞控制較為寬鬆，使其得以較早與外力取得連繫。反之，接觸西方文化最早、最深，知識分子民族意識最強烈的敍利亞，反因鄂圖曼土耳其帝國大軍壓境，故遲至廿世紀初，才有反抗鄂圖曼土耳其帝國的具體行動 ⓴。

三、大敍利亞計畫：泛敍利亞主義是倡導大敍利亞計畫的區域整合。敍利亞一詞來自閃語之 Siryon，為地理名稱。古希臘人稱地中海至幼發拉底河間之地區為 Coele Syria。紀元前三世紀塞琉西人(the Selencids)以敍利亞稱西南亞之地。羅

馬人則以敍利亞稱近東小亞細亞與埃及之間地區。紀元七世紀，
阿拉伯人至該地，給予該地新名稱： Ash-Sham（北方之意）
或 Bilad ash-Sham（Sham國）或 Barr ash-Sham（Sham
土地）。然而近代歐洲人仍喜沿用古代歐洲人之稱呼，一八二
五年基督敎新敎傳敎士首先引用 Suriya 一詞至阿拉伯世界，
此後卽廣爲流傳，許多機構、學校、書籍均喜冠以敍利亞稱呼。
譬如一八四七年基督徒成立之「敍利亞科學藝術會社」（the
Syrian Society for the Acquisition of the Sciences
and the Arts, Jamiya Suriya li-Iktisab al-'Ulum wál-
Funun）、一八六八年成立之「敍利亞學術會社」(the Schola-
rly Society-al-Jam'iya al-'Ilmiya as-Suriya)、一八六六
年創立之貝魯特美國大學，卽名之爲「敍利亞新敎學院」（the
Syrian Protestant College)、一八五八年作家詹森 (Sarah
Barclay Johnson)著：《海志在敍利亞》(*Hadji in Syria*)，
將海志視爲敍利亞一部分 ㉓。

　　由此可知，歷史上敍利亞的自然疆界範圍，遠比今日敍利
亞國度來得更爲廣大。歐洲人亦承認約旦、黎巴嫩、巴勒斯坦
（包括以色列、約旦河西岸、迦薩走廊）、土耳其東南部，確
實包括在過去所謂大敍利亞地理範圍內，然而英法殖民帝國卻
因私利，儘量縮減敍利亞領土至最小限度 ㉔。一次大戰期間，
英法秘密瓜分勢力範圍，繼則在一次大戰後，分裂阿拉伯土地
爲敍利亞、黎巴嫩、約旦、巴勒斯坦，並以委任統治方式，繼
續維持旣得利益。最嚴重的，莫過於幫助猶太人在巴勒斯坦建
立以色列國，使得數千年來居住在巴勒斯坦當地居民土地被佔
領，房舍被摧毀，其或死傷、或逃亡、流離失所，造成阿拉伯

國家政治難題，及阿拉伯民族永誌難忘的傷痛。泛敍利亞民族主義分子，化悲憤爲力量，認爲阿拉伯人的希望，寄託在大敍利亞計畫之實現，倘若阿拉伯人均能同仇敵愾，洞悉帝國主義的分化阿拉伯世界的野心和罪孽，携手合作，掃除人爲障礙，讓出部分主權，必能重新團結、統一強大。

第二節　泛敍利亞主義之類別

泛敍利亞主義可因大敍利亞計畫之實現，爲最終目標，或僅爲達到更高層次——大阿拉伯政治實體——的中間步驟，而分成純粹泛敍利亞主義（Pure Pan-Syrianism）及務實泛敍利亞主義（Pragmatic Pan, Syrianism）兩種，分述如下：

一、純粹泛敍利亞主義：是國家主義（gawmiya, nationalism）的一種。主張最力者爲敍利亞社會民族主義黨（the Syrian Social Nationalist Party, SSNP）（以下簡稱敍社民黨）創辦人：沙德（Antun Sa'ada）及黨內正統基督教（卽希臘正教）成員。其是泛敍利亞主義份子中唯一反對泛阿拉伯主義（Pan-Arabism）者。他們主張只要在大敍利亞範圍內，建立起敍利亞人的家園，則於願足矣。阿拉伯世界太過廣泛，且早已存在一些獨立國家，故要實現一大阿拉伯政治實體，實在困難且不實際。由於其主張不爲在中東佔極大多數的遜尼回敎徒所喜，純粹泛敍利亞主義的理想，難以達成㉕。

二、務實泛敍利亞主義：其是愛族主義（wataniya, patriotism）。約旦前國王阿布都拉爲務實泛敍利亞主義最有力鼓

吹者，另外諸如敍社民黨正統基督徒以外之其他團體、哈希邁家族成員、黎回教徒、敍利亞阿塞德等均亦贊同之。務實泛敍利亞主義，主張敍利亞為近代阿拉伯歷史關鍵，阿拉伯民族主義心臟，大敍利亞是構成大阿拉伯最主要部分，大敍利亞統一為大阿拉伯統一的第一步，也是最重要的基礎，故大敍利亞統一非終極目標，而是邁向大阿拉伯政治實體的過渡❷。

　　論者謂，主張務實泛敍利亞主義有其優點，因為第一，其不致於與泛阿拉伯主義形成對抗。第二、其教條不但吸引少數族羣興趣，且可號召廣大遜尼回教徒支持。對大敍利亞居民而言，務實泛敍利亞主義和泛阿拉伯主義有許多雷同、相似之處。

第三節　泛敍利亞主義與泛阿拉伯主義

　　泛敍利亞主義與泛阿拉伯主義關係密切，二者訴求雖有若干相異之處，但亦頗多重疊、相似之處。泛阿拉伯主義支持者，從未否定、排斥泛敍利亞主義之地位和重要性。二者觀念能否調和，端視各族羣根據本身利益、不同時空因素，及對阿拉伯一詞的解釋而定。故為避免二者有所混淆，實有加以釐清之必要。

　　首先說明何謂泛阿拉伯主義，泛阿拉伯主義是一九四〇年成立之敍利亞巴斯黨（the　Ba'th）所力倡之思想意識型態。五〇年代埃及總統納瑟大力鼓吹，並且採擷以為納瑟主義主要內容。所謂泛阿拉伯主義，係謂從波斯（伊朗）邊境，以迄大

西洋，所有說阿拉伯語之阿拉伯人，因共同語言、宗教、歷史、文化，應結合成爲一政治實體，再創歷史光輝，共同面對外在敵人 ❷。基本上，泛阿拉伯主義迎合遜尼阿拉伯人願望，一九五六年至一九六三年，泛阿拉伯主義聲勢達最高峯時，幾乎已成阿拉伯世界民間信仰。

其次談到泛敍利亞主義與泛阿拉伯主義之關係。二者最重要的關係爲泛阿拉伯主義主張之大阿拉伯一統，源自泛敍利亞主義的大敍利亞統一。同時初期，敍利亞、阿拉伯二名詞混淆使用，前已述及泛敍利亞主義爲阿拉伯民族主義，則後起之泛阿拉伯主義，應被稱爲改良的阿拉伯民族主義。詳述如次：

泛阿拉伯主義早在一九三三年敍利亞民族行動聯盟會(the League of Nationalist Action,'Usbat al-'Amal al-Qawmi) 成立之時卽已萌芽。一九四〇年,阿富列克 (Michel Aflaq)、畢塔爾 (Salah ed-Din al-Bitar) 創立巴斯黨。一九四七年，巴斯黨成爲推動泛阿拉伯理念最有力組織，主張阿拉伯人應組成一個國家。阿富列克、畢塔爾在建黨之前，曾與沙德長談，獲益良多。，雖然二者對於阿拉伯一詞，究係何指？發生爭辯，敍社民黨認爲歷史上所謂阿拉伯人，係指西南亞說阿拉伯語者，埃及人、北非人、蘇丹人均應除外。而且阿拉伯世界係由四個不同部分所組成：卽大敍利亞、阿拉伯半島 (the Arabian Peninsula)、尼羅河地 (the lands of the Nile) (包括埃及、蘇丹) 及西部阿拉伯 (the Arab-Berber Maghreb)。大敍利亞爲一分離實體，自古以來，卽與其他部分有不同的歷史、文明、社會、經濟，要將這四地區硬加拼湊，使其統一，實有困難 ❷。阿富列克、畢塔爾雖不敢苟同，

但是其泛阿拉伯一統概念，來自敍社民黨大敍利亞統一，卻是無庸置疑。

前已述及，十九世紀時，敍利亞、阿拉伯原爲同義字，泛敍利亞主義卽爲阿拉伯民族主義，或阿拉伯民族解放運動。但是一九四〇年代泛阿拉伯主義興起，在埃及強勢宣傳下，阿拉伯範圍擴張至阿拉伯半島南端之阿曼，及北非的摩洛哥、索馬利亞、茅利塔尼亞。於是泛阿拉伯主義與泛敍利亞主義愈行愈遠，終於分道揚鑣，故泛阿拉伯主義可稱爲改良的阿拉伯民族主義 ❷。

主張泛阿拉伯主義者，對於泛敍利亞主義看法分歧。有些泛阿拉伯主義者認爲，泛敍利亞、泛阿拉伯二觀念可以調和，有些則不以爲然。基本上，二觀念能否調和，端視其對阿拉伯一詞如何界定。倘若對阿拉伯之界定愈狹隘，則愈同情泛敍利亞主義，反之，則愈反對。而一泛阿拉伯主義者，對於泛敍利亞主義與泛阿拉伯主義的觀點，又可因其族羣、信仰之宗教、居住之地點和時間等因素之不同而有區別。譬如廿世紀初，居住在敍利亞之居民，認爲泛敍利亞主義與泛阿拉伯主義二者可相輔相成。廿世紀末，不住在敍利亞的遜尼回教徒，則認爲二者無法調和。主張泛阿拉伯主義的基督徒，對阿拉伯之界定狹隘，僅限於肥腴月灣講阿拉伯語者。遜尼回教徒則擴充阿拉伯之範圍，不管地理因素，使包括所有說阿拉伯語之地區，甚至認爲泛阿拉伯爲泛伊斯蘭之先行步驟 ❸。

最後談到泛敍利亞主義與泛阿拉伯主義相似、相異之處，相似之處爲：二者皆以敍利亞爲源起之心臟地區，此其一。二者皆拒絕接受敍利亞現有疆界，此其二。二者均認爲敍利亞本

身不足以效忠， 大馬士革應成爲更廣大、 更強有力之自然敍（歷史疆界）的首都， 此其三。 二者皆主張以武力對抗猶太教，並質疑猶太政府的合法性，此其四。二者皆利用人民仇外的情緒，朝外發展，藉以減少對內政之壓力，此其五 ❸。

　　相異之處爲： 第一、泛敍利亞主義傾向採取極端手段，消除國家疆界。泛阿拉伯主義則主張各國保留獨立之自然結合。第二、純粹泛敍利亞主義者認爲阿拉伯事務，牽涉太多阿拉伯國家參與，譬如埃及，實不明智。其認爲阿以衝突，爲敍內部問題，與非敍人不相關，非敍人無必要捲入巴勒斯坦紛爭。泛阿拉伯主義者認爲阿拉伯世界，從摩洛哥至阿曼，每一國均在對抗以色列問題上， 扮演重要角色。 埃及主張以泛阿拉伯主義，作爲介入敍利亞、伊拉克、阿拉伯半島事務之工具，倘若埃及當局不願參與阿拉伯事務，則主張泛阿拉伯主義，將失去實質意義。 第三、 泛阿拉伯主義對務實泛敍利亞主義態度友善，因務實泛敍利亞主義認爲， 統一大敍利亞是建立大阿拉伯國家之先行步驟。由於務實泛敍利亞主義表示，在阿拉伯各國不干涉大敍利亞前提下，可接受一大阿拉伯國家目標，故泛阿拉伯主義也同意接受務實泛敍利亞主義，認爲大敍利亞建立，可幫助建立大阿拉伯國家。換言之，泛阿拉伯主義可以接受大敍利亞，只要他是走向建立一大阿拉伯國家之途。然而泛阿拉伯主義卻拒絕接受純粹泛敍利亞主義之前提——不必成立大阿拉伯國，因之，泛阿拉伯主義對純粹泛敍利亞主義極爲反感。第四、 泛敍利亞主義強調血統關係， 在美黎巴嫩學者希悌（Philip K. Hitti）一九二六年出版一書：《歷史上敍利亞和敍利亞人》談到敍利亞人之爲阿拉伯人， 僅只於語言、文化之

相同，而不及於血統之因素。換言之，泛敘利亞主義認爲基於血緣關係的大敘利亞統一較容易達成。而泛阿拉伯主義，強調語言、文化之同質性，基於阿拉伯世界之共同語言、文化，泛阿拉伯主義同樣可達成大阿拉伯之一統❸。

第四節　泛敘利亞主義與大黎巴嫩主義

黎巴嫩本爲敘利亞之一部分，十九世紀在外力支持下，產生分離運動，終至成爲獨立政治實體。大黎巴嫩主義（Pan-Lebanonism，或稱爲黎巴嫩分裂主義，Lebanese Separatism）基本上與泛敘利亞主義相互背離，對泛敘利亞主義造成相當衝擊與妨礙，其間之關係亦應予以釐清。

首先說明何謂大黎巴嫩主義。所謂大黎巴嫩主義，卽原在鄂圖曼土耳其帝國統治下，半自治地位之黎巴嫩山區的分裂主義的擴充。換言之，大黎巴嫩主義乃是一九二〇年代，黎巴嫩馬龍派基督徒爲逃避遜尼回教徒統治，在法國大力支持下，作領土擴充，所倡導之政治分離意識，或稱之爲馬龍民族主義（Maronite nationalism）意識型態❸。茲略述其源起。

歷史上，黎巴嫩爲大敘利亞範圍之一部分，一九四六年獨立的黎巴嫩國界，實爲法國一手創造。其原來的範圍，遠較現在爲小，僅在黎巴嫩山區（Mount Lebanon）。由於黎巴嫩境內有一長形分佈的黎巴嫩山岳，使黎巴嫩雖與敘利亞互相連接，但卻十分隔絕。反而從黎巴嫩山至地中海邊之狹長平原，非常容易遭受從地中海而來之入侵和控制。故西元前三千年，腓尼

基人（Phoenicians）早已在此建國。西元七世紀回教帝國興起，黎巴嫩山區成爲基督徒及回教少數宗派：什葉、德魯士之避難所。西元十一世紀一十三世紀，以法軍爲首的十字軍東征，使得黎巴嫩山區的馬龍基督徒有機會與法國交好，關係密切，馬龍從此得到法國保護，（譬如一六四九年，法王路易十四，宣佈從此法爲鄂圖曼土耳其帝國歐洲天主教護衞角色。一八○○年十字軍東征，馬龍主教得教皇封爵，教會得自己聖職和特殊禱告儀式。）藉以對抗回教徒 ❸。

　　黎巴嫩分裂主義出現於十六世紀末，黎巴嫩山區南方之秀夫（Shuf）山區，一五一六年在德魯士封建領主法克爾丁一世（Fakhr al-Din I）領導下，建立黎巴嫩公國曼尼（The Ma'ni）王朝，向鄂圖曼蘇丹（Sultan）（回教教主）要求自治權，並獲得承認。其後，封建領主之子（Fakhr al-Din II）提出大黎巴嫩觀點，欲擴充領土自北邊之阿勒坡以迄埃及邊境。蘇丹不滿，將之斬首。至希哈必（Shihabi）王朝統治者（一六九七年至一八四一年），亦有加大山區主宰範圍之野心，但未得逞。最後在巴希爾二世（Bashir II）（一七八八年至一八四○年）統治時，方達成大黎巴嫩之願望。不但控制整個黎巴嫩山區，同時也合倂沿地中海之海岸城市，並且不顧大馬士革之激烈反對控制北卡（Biqa'）山谷 ❸。

　　埃及統治者阿里（vali Mehmed Ali）對黎巴嫩山區有所企圖，派其子依布拉辛（Ibrahim Pasha）控制黎巴嫩山區和敍利亞一部分，引起歐洲各國恐慌，法國支持埃及。奧地利、英國、普魯士、俄國支持鄂圖曼土耳其帝國立場，在一八四○年重新控制黎巴嫩山區。各國爲使黎巴嫩山區安定，尋

求一新安排，設計雙重自治（Kaymakamate），將黎巴嫩山
區劃分爲二自治區，一爲黎巴嫩山區北方之馬龍天主教自治區
（Kaymakam, Mutasavifiya），另一爲黎巴嫩山區南方之德
魯士自治區。一八四二年至一八六〇年黎巴嫩山區曾爆發激烈
流血衝突❸。馬龍之穆瑞德（Murad）主教逐自行發展馬龍
民族主義，不但要求自組政府，且向法國尋求保護，接受法國
文化、教育之薰陶。一八六〇年以後，更企圖向北、東、南擴
張領土，法亦樂觀其成，提供維護黎巴嫩山區安全，強化其地
位的協助。法在當地備受歡迎，故進一步尋求親法基督徒之聯
盟，共同對付敵視之回教徒。法認爲大黎巴嫩有助法國勢力增
強，故須使其領土超越黎巴嫩山區範圍，亦卽加入回教徒和其
他族羣居住之地❸。

　　一九一八年十一月英法簽訂賽克斯皮可協定，瓜分鄂圖曼
土耳其帝國阿拉伯屬地，一九二〇年四月，法得敍利亞、黎巴
嫩委任統治權後，劃定今日黎國疆界，創造大黎巴嫩，增大黎
巴嫩領土爲馬龍自治區範圍之兩倍，使包括的黎波里、貝卡山
谷、阿瑪爾山（Amal Jabel）、貝魯特❸，因之，加大黎巴嫩
山區之宿願終於得逞。

　　一九二〇年以後，黎巴嫩山區改稱爲大黎巴嫩或黎巴嫩。
然而對於馬龍而言，領土擴張，利弊互見，因爲維持黎巴嫩山
區，範圍雖小，但可持續基督徒主導地位。領土擴充，雖然範
圍較大，但也增加許多非馬龍人，同時回教人口不斷快速成
長，基督徒將無法掌控優勢，地位愈趨脆弱。（譬如馬龍人口
原在黎巴嫩山區佔百分之五十九，是絕對多數，在大黎巴嫩，
馬龍雖爲唯一最大宗派，但人口僅佔當地人口百分之廿九，爲

比較多數。）㊴

　　其次談到泛敍利亞主義與大黎巴嫩主義之關係，簡言之，二者關係是對立不相容的。馬龍人對於新大黎巴嫩疆界滿意，認爲可藉此逃避回教徒統治。而回教徒則憤怒不已，暴力事件頻傳，種下日後黎內戰惡果。其認爲法犧牲回教徒及敍利亞利益，人爲分裂敍領土，使作爲入侵敍內陸之橋頭堡。黎巴嫩居民（包括回教徒和馬龍以外的基督徒）在泛敍利亞主義影響下，聲稱黎爲敍一部分，不容分割。一九二六年，首先在巴貝克（Baalbek）及錫登的回教徒，要求在分權基礎上加入與敍利亞之聯合。一九二六年六月大馬士革召開會議(Conference of the Sons of the Coast)，反對法行爲，反對黎敍分離，拒掛黎國旗。一九三六年九月法敍協定後，黎遜尼暴動，的黎波里遜尼向國聯請求，要求與敍合併。一九三六年末，巴斯特（Basta）（貝城一區）遜尼居民暴動，欲與敍統一。一九三七年的黎波里遜尼派代表至巴黎請求與敍合併（因一九二一年末土耳其迫法撤出西里西亞（Cilicia），亞歷山大勒達省從敍分離，歸併至土耳其，的黎波里遜尼欲藉機施壓法，以亞歷山大勒達從敍分離，交換的黎波里歸併敍利亞），但未成功。一九四三年國民公約（the National Pact）簽訂後，對遜尼、馬龍權力作一妥協，馬龍接受黎爲回教性質國家，不再依靠法國保護之條件，遜尼始勉強接受與敍分離，然黎回教徒心裏仍存芥蒂，極爲不甘。二次大戰後，黎巴嫩獨立，敍利亞認爲其有權在黎維持優勢，拒絕接受黎爲一分離實體，因此至今仍未與其建立外交關係㊵。

　　總而言之，泛敍利亞主義包含敍利亞民族主義、阿拉伯民

族主義，及大敍利亞計畫於一爐。其既是標榜國家認同的民族主義，亦是追求獨立建國的民族解放運動，更是鼓吹大敍利亞歷史疆界統合的區域主義。泛敍利亞主義並可分爲純粹與務實兩大類別，其與泛阿拉伯主義、大黎巴嫩主義有相容、相背之關係，至爲複雜。

第 三 章
泛敍利亞主義興起之因素

　　美國中東問題權威學者蘭若斯基（George Lenczowski）
在《世界局勢中之中東》(*The Middle East in World Af-
fairs*) 一書中提到：「近代阿拉伯主義（意指泛敍利亞主義），
有四大剋星：猶太復國主義、殖民主義、經濟帝國主義、以及
反動的傳統主義。」❹換言之，這些因素，促成了泛敍利亞主
義的興起。但是除上述因素之外，吾人認爲基督徒、回教徒嚴
重衝突（簡稱基回衝突），亦爲激起泛敍利亞主義興起之主要
因素。分別敍述如下：

第一節　基回衝突

　　敍利亞的基回衝突是造成泛敍利亞主義興起的重要因素。
基回衝突的背景有二：敍利亞分歧的社會，以及外力介入敍利
亞。首先說明分歧的敍利亞社會。

　　敍利亞因地形特殊，除地中海沿岸，餘均崎嶇山區和乾燥
沙漠，甚爲隱閉、隔絕，自古卽成異教派系、少數族羣逃生避
難之所 ❷。因之，無論宗敎、種族、語言均極複雜，形成異質
性極高的社會。

　　首先就宗敎而言，當地有回敎團體（其中包括遜尼、什

葉、德魯士、阿拉威（Alawites）、十二支系(the Twelver)
和七支系（the Sevener）（卽 Mutawalis 和 Ismailis）
等）。基督教團體（其中又包括東方正教（the Eastern Ort-
hodox）（分裂爲希臘、敍利亞（Jacobite）二支系）、及天主
教（分裂爲五個聯合東方天主教會——希臘（Melkite）、敍利
亞、亞美尼亞（Armenian）、迦勒底（卡地亞）（Chaldaean）
（卽景教（聶斯托里 Nestorian）、馬龍）和拉丁宗教）。以
及其他基督教派系（包括亞美尼亞（Gregorian Church）、
景教（Nestorians）（卽亞述：Assyrians）和基督教新教
(Protestants)）。猶太教（包括本土，源自伊比利半島之亞非
猶太教（Sephardim）及移入，源自中歐文化系統之東歐猶太
教（Ashkenazim）），另外尚有一獨特宗教：撒馬利亞（Sa-
maritans）（係早期猶太教分支）及許多少數回教宗教派系，
如載以第（Yazidis）（居住在敍東北部）和阿赫里黑格（the
Ahli-Haqq）（回教異端）、巴哈（the Baha'i）（總部在海法
(Haifa) ㊸。

種族方面亦極複雜，敍利亞擁有全世界最分裂的人種，且
在有些地方，譬如黎巴嫩、亞歷山大勒達省，呈現每一族羣，
均係少數人種（無一種族居多數）的現象。

語言方面亦復如此，一般回教徒說阿拉伯語，但有的遜尼
回教徒說庫德語、色卡西語（Circassian）、土耳其語。基督
教徒說亞美尼亞語或亞述語（Assyrian）和敍利亞語。有些黎
巴嫩人使用法語。有些亞非猶太人（Sephardic）放棄阿拉伯
語和拉丁語（Ladino），而講希伯萊語（Hebrew）、東歐猶太
人（Ashkenazi）使用意第緒語（Yiddish）（由希伯萊、俄、

波蘭文組成之猶太語）和其他歐洲語言 ❹。

　　各個不同族羣團體、宗教社區，本身非常團結，但彼此之間，卻相互憎恨、傾軋，毫無共識、合作關係可言。譬如回教徒不但蔑視基督徒、猶太教徒，其各派系間，也異常敵視，遜尼回教徒將什葉、阿拉威、德魯士、伊斯馬利 (Ismailis) 等，均視爲異端，避免接觸。遜尼、什葉彼此不相溝通，且均憎恨德魯士。遜尼、什葉、德魯士三者均恨阿拉威 ('Alawis)（卽安色利亞人 Ansariyyehs）。遜尼特別輕視、壓制阿拉威，十九世紀時，阿拉威曾遭鄂圖曼土耳其遠征軍制服，力量轉弱。

　　至於基督徒，不但鄙視猶太教徒，各派系間亦問題叢生，特別是馬龍，除自己外，不愛任何人，且爲所有人所垢病。希臘正教徒，則痛恨天主教徒和拉丁人 ❺。

　　各個不同社區，各據一方，譬如阿拉威（或稱努色里斯 (Nusayris)）居住在拉塔基亞（the Latakia）之安色利亞山 (Ansariyyal Jabal (Mount))。德魯士人居住在呼蘭 (Houran) 之德魯士山區 (the Druze of Jabal) 和黎巴嫩山區。在安提黎巴嫩（Anti-Lebanon）之什葉，主要分佈在南黎巴嫩之阿瑪爾山。靠近哈馬（Hama）的伊斯馬利人，居住在薩拉米亞山 (Salamia)。庫德、土庫曼遜尼回教徒 (the Sunni Muslim Kurds and Turkomans)，居住在陶洛斯山 (the Taurus rang)。因地形之便，其各擁傳統武力，組織半軍事化自衞組織，除承認鄂圖曼土耳其帝國蘇丹威權，和盡納稅義務外，均各自爲政，維持自治勢力，以家庭、家族、宗教、種族、地域、語言、階級關係爲依序效忠對象 ❻，形成嚴重地

域觀。

　　次就外力介入而言，早在十一世紀十字軍東征之時，外力即滲入敍利亞，西方在一〇九六年至一二七〇年發動八次以法軍為首的十字軍東征（英國、西班牙、德意志因國內多事，無暇他顧）。雖然最後全遭擊潰，但法自此卻得以維持在敍利亞之影響力。一五三五年，法佛蘭西斯一世（Francis I），順利地從鄂圖曼土耳其帝國蘇丹手中獲得第一次讓權協定（Capitulations），得到在勒芬特（今敍利亞、黎巴嫩）貿易利益。一七四〇年，重訂讓權協定，獲得勒芬特、巴勒斯坦各聖地特殊利益，成為拉丁基督教保護者。一八〇二年，拿破崙、蘇丹簽協定，保障法在勒芬特更大利益。法國與馬龍基督徒，建立密切友誼連繫，法以馬龍保護者自居 ❹。

　　西元一八四二年至一八四五年，黎巴嫩山區爆發基回衝突，英法均介入，英幕後支持德魯士，對抗法支持之馬龍基督教勢力。一八六〇年基回再度激烈衝突，法更派遣遠征軍登陸，實行干涉，強迫蘇丹承認黎巴嫩山區自治，於是遂有一八六四年馬龍、德魯士二自治區之設立 ❹。歸納基回衝突之主要原因有三：一、貧富差距懸殊：十九世紀中葉以來，基督徒、猶太教徒教育普及，生活富裕，有許多美輪美奐的教堂和住屋，回教徒相形見絀，生活貧困落後，故產生嫉妒、排斥心理，反對非回教商人掌控經濟大權。二、文化教育偏差：基回均教授宗教課程，回教學生在宗教學校（the Kuttab and Madrasa-religious schools）接受傳統回教教育，其提供回教價值，反對世俗主義、愛國主義觀念。基督教學校亦僅提供狹隘基督教教育，同時一八六〇年以後，鄂圖曼土耳其帝國崇尚回教傾

向，基督教學校不能亦不願教授愛國主義價值和宗教容忍，使得傳統地域觀念不易破除，由於文化教育偏差，使基回敵視更形嚴重。三、依恃外力：基督徒公開表示，其喜依靠法國保護，引入法國教育制度及文化，不信任並疏遠鄂圖曼土耳其帝國當局，使回教徒疑慮加深，唯恐其與法國聯手迫害回教徒 ❹。

總之，基回衝突不斷，有些基督徒為求保命，移居較安全之地（如埃及、蘇丹等地，或中東以外的美、英、澳大利亞等地定居，根據統計，一八六〇年至一九一四年，共計卅三萬人移出）❺。留居敍利亞者，有的維持孤立，繼續依賴法國保護。有的則倡導睦鄰政策，希望與其他族羣和平相處，發揚愛國主義，以國家認同，取代宗教忠誠，徹底消除基回緊張對立關係，於是造成泛敍利亞主義之興起。

第二節　反動傳統主義

反動傳統主義的鼓吹，是造成泛敍利亞主義形成的另外一個原因。所謂反動傳統主義，係指鄂圖曼土耳其帝國所宣揚的泛伊斯蘭主義（Pan-Islamism）及泛杜蘭主義（Pan-Turanism）。

在鄂圖曼土耳其帝國勢力強盛時，對於帝國境內廣大屬地，是以「米勒特」（the millet system）制度（給予宗教團體自治權之制度）來加以維繫，保持著蘇丹至高無上的權威。數世紀以來，敍利亞遜尼回教徒均對蘇丹忠貞不二。但是時日推

移，帝國逐漸衰微，無法繼續維持內部安定與統一。距離中央威權較遠的地區，開始躍躍欲試，欲掙脫羈絆與束縛。

　　一九○八年，帝國內部發生青年土耳其革命，大肆宣揚泛伊斯蘭主義，期使帝國浴火重生。但是未料時局已然不同，大力推動同化政策（教授土耳其語言文字），實行徵兵制度，及訴諸宗教狂熱，反而造成民怨及反感。一次大戰爆發後，鄂圖曼土耳其帝國一方面堅持泛伊斯蘭主義路線（如蘇丹在一九一四年十一月廿三日，以回教教主（Caliph, Sheikh el-Islam）名義，對全世界回教徒發布聖戰（jihad）），一方面又鼓吹土耳其民族主義，採取與泛伊斯蘭主義相互矛盾的泛杜蘭主義（如統一進步黨（the Union and Progress Party）阿爾普教授（Zia Gök Alp）主張，訴諸共同血緣的民族主義，是團結突厥人種，挽救帝國命脈的唯一因素），使得阿拉伯地區的回教徒無所適從（因為泛伊斯蘭主義要求帝國境內所有人種，根據伊斯蘭（回教）信仰效忠帝國，泛杜蘭主義則標榜各國突厥人種之分離、解放，歸併土耳其，二者相互矛盾，不合邏輯。）❺⓵，反而激起阿拉伯民族主義意識，認為阿拉伯人同樣有權主張獨立。總而言之，反動傳統主義不但不能吸引阿拉伯人，反而成為刺激泛敍利亞主義興起之有力因素。

第三節　殖民及經濟帝國主義

　　殖民及經濟帝國主義，係指英法美而言。吾人皆知歐洲列強英法窺伺、垂涎阿拉伯世界久矣，是中東最大殖民及經濟帝國主義國家。而美國在一次大戰後，在中東主要係維護經濟利

益，二次大戰後，方取代英法地位，有了經濟利益以外的政治、軍事方面的利益 ❷。泛敍利亞主義在殖民及經濟帝國主義侵擾下滋生。

　　一次大戰前，英法對鄂圖曼土耳其帝國阿拉伯屬地前途最為關切。前已述及，法基於歷史淵源，欲在勒芬特（敍利亞、黎巴嫩）等地，享有優先利益。英則認為大英帝國通往印度之路（地中海至波斯灣）的安定，攸關英國利益。一次大戰爆發，英預測鄂圖曼土耳其帝國必敗無疑，故在一九一六年五月十六日，與法達成賽克斯皮可協定，秘密協商戰後瓜分阿拉伯領土。一九一九年一月廿八日巴黎和會召開，重新劃分列強勢力範圍。一九一九年六月廿八日通過凡爾賽和約、國際聯盟盟約，對德、土殖民地，實行國聯委任統治制度。一九二〇年八月廿日，戰勝國與土耳其簽訂色佛爾條約（the Treaty of Sèvres），英委任統治地為：巴勒斯坦、伊拉克。法委任統治地為：敍利亞、黎巴嫩（英勢力範圍：塞普魯斯、阿富汗、埃及、蘇丹、沙烏地阿拉伯、伊朗、約旦、巴勒斯坦、伊拉克、波斯灣酋長國。法勢力範圍：敍利亞、黎巴嫩、阿爾及利亞、摩洛哥、突尼西亞） ❸。

　　一次大戰後，英法既為中東最大殖民帝國，遂積極推行殖民統治。採行「分而治之」（divide et impera）策略，製造內部矛盾對立，便於制衡。政治上培植代理人，建立傀儡政府，以委任當局高級專員監督之，並與其簽訂各種不平等條約，合法化殖民統治。經濟上則獲取石油租讓權，掠奪石油資源，控制財政資金、外貿市場、經濟發展等。並派駐軍隊，建立軍事基地，掌握當地軍警力量，鎮壓反抗勢力 ❹。

　　美國在一次大戰後確立之中東新秩序中，雖未獲佔領任何土地，但在經濟上獲益甚大，得到開採巴林、沙烏地阿拉伯、科威特石油租讓權，及英伊石油公司部分股權。及至二次大戰後，英法實力被嚴重削弱，特別是英國，轉讓其在中東部分勢力範圍與石油權益予美國，再加上美大力排擠英法勢力，取而代之，終而確立美在中東地區權威地位 ❸。

　　阿拉伯人對於殖民及經濟帝國主義的毀諾在先（英曾對海志薛里夫胡笙承諾，使其爲獨立的大阿拉伯國之王），出賣阿拉伯人利益在後（英法秘密瓜分阿拉伯），繼之又從事挑撥離間，製造紛亂的殖民統治，經濟剝削，宰制阿拉伯人命運，膽寒至極，故主張民族解放的泛敍利亞主義，普獲人心支持。

第四節　猶太復國主義

　　自一八六〇年以來,猶太復國主義（即錫安主義 Zionism）的洶湧澎湃，是泛敍利亞主義興起的另一重要因素，本節將分成一八六〇年至一九四八年以色列獨立建國及一九四八年迄今兩時期，說明猶太復國主義如何擴充勢力。

　　一、一八六〇年至一九四八年：根據舊約聖經記載，阿拉伯人、猶太人本出同源。（亞伯拉罕（Abraham）有二子：伊斯邁爾（Ishmael）、伊撒克（Isaac），其後分別成爲阿拉伯人及猶太人祖先。）但因長期隔絕（猶太人在一世紀時爲羅馬人從巴勒斯坦驅離，散居世界各地。）早已成陌路。一八六〇年起，猶太復國主義興起，猶太人陸續回到上帝許諾之地——巴

勒斯坦定居，阿拉伯人、猶太人嫌隙迭起。巴勒斯坦在一五○
○年成爲鄂圖曼土耳其帝國領土，鄂圖曼土耳其帝國面對猶太
移民風潮，在一八八二年闢出一地)猶地亞 (Judea) 的 Rishon
le Zion 及沙馬利亞 (Samaria) 的 Zichron　Jacob 和格利
利 (Galili) 的 Rosh　Pina 等地) 作爲猶太定居地。一八九
六年奧國猶太作家赫茲爾 (Theodor Herzl) 博士論著：《猶
太帝國》(*Judenstaat*)，大力鼓吹猶太復國主義，猶太人對
於依靠列強，與建猶太國家的信心備增 ❺❻。而阿拉伯人則開始
心懷不滿和疑懼，意識到猶太人爭相在南敍利亞（Southern
Syria) (巴勒斯坦) 購地殖民，勢將帶來嚴重後果，阿以衝突
不斷，泛敍利亞主義趁勢而起。

　　一次大戰期間，英、美、猶太人對猶太復國運動極爲興
奮。當時鄂圖曼土耳其帝國搖搖欲墜，猶太人利用時機，儘力
討好、配合協約國作戰，終獲英、美秘密承諾，保證在戰後承
認巴勒斯坦爲猶太人國家，容許無限制移民 ❺❼。一九一七年英
亞蘭比將軍 (General Edmund Allenby) 佔領大部分巴勒斯
坦，美總統威爾遜在十月十六日立即表示支持猶太復國運動，
十一月，英發布「巴爾福宣言」(Balfour　Declaration)。一
九一九年一月三日並迫費蘇爾與魏玆曼 (Chaim Weizmann)
簽協定，歡迎猶太人移居巴勒斯坦，英將以阿人對猶太復國運
動態度，決定是否履行對阿人之承諾 ❺❽。一九二○年七月一日
撒母耳 (Herbert　Samuel) 爵士著手實現猶太建國計畫，一
九二二年，國際聯盟同意巴爾福宣言，委託英託管，明定巴勒
斯坦爲猶太人家園，一九三六年阿拉伯人、猶太人終於爆發大
規模激烈衝突 ❺❾。

一九三七年英提分治計畫，以阿均反對，一九三九年英轉向討好阿拉伯人，發表「白皮書」(the White Paper)，限制猶太人移民。一九四一年七月，英從法國手中解放勒芬特等，但爲時已晚，阿拉伯人再也不信任英國。一九四七年四月英將巴勒斯坦問題提交聯合國處理。聯合國在一九四七年十一月廿九日通過分治計畫，英在一九四八年五月十五日提前撤軍，結束統治，猶太人立刻宣佈獨立建國，美蘇率先承認 ❻。

二、一九四八年以後，巴勒斯坦問題愈演愈烈，阿拉伯聯軍在以色列宣佈獨立後掀戰，欲一舉摧毀以色列國，但失敗，以色列反而獲得比分治計畫多出二千餘方哩土地。一九五六年十月廿九日蘇伊士運河戰爭(四日戰爭)，以色列復勝。一九六七年六月五日第三次中東戰爭(六日戰爭)，阿拉伯國家更喪失大片土地（二萬六千平方哩）予以色列，現在除西奈 (Sinai) 歸還埃及外，餘者：約旦河西岸（West Bank）、迦薩走廊（Gaza Strip）、戈蘭高地 (Golan Heights)、耶路撒冷舊城仍處於佔領狀態，戈蘭高地且在一九八一年末爲以兼併。一九七三年十月六日戰爭（石油戰爭），以色列仍然大勝。至今以色列不但人口大增（獨立前少於廿萬，廿五年後成長一倍，現爲四百萬），地位鞏固，激進右派絲毫未減領土擴張野心，堅持不接受聯合國二四二號、三三八號要求以撤出佔領地之決議案。且在美國軍事、經濟支援下，儼然是中東軍事大國，西方利益的橋頭堡 ❻。以色列前執政黨：自由黨（Likud party）大肆屯墾佔領地，極右派組織「信心聯盟」(Gush Emunim, the Block of the Faithful)，主張無限制建立屯墾區 (Kibbutz)，自由黨對待佔領地自一九八七年底以來的暴動，

絲毫不假以辭色，採取鐵腕鎮壓手段對付之，且對待境內阿拉伯人差別待遇。阿拉伯激進分子，至今仍堅持反對以色列生存權，誓以武力摧毀以色列，收復失土，建立阿拉伯人的巴勒斯坦國 ⑫。

　　總而言之，基回衝突的嚴重、反動傳統主義的復辟、殖民及經濟帝國主義的猖狂、猶太復國主義的汹湧，導致了泛敍利亞主義的興起。

第 四 章
泛敘利亞主義的萌芽

泛敘利亞主義之發展，可分成若干階段，一八六○年至一九一八年（第一次大戰結束），為泛敘利亞主義的第一個階段，也是萌芽階段。吾人可將此階段大概分成理論和軍事行動兩個時期。

第一節　理論時期（一八六○年至一九一三年）

泛敘利亞主義萌芽階段理論時期，係從一八六○年至一九一三年。在這段時期，有泛敘利亞主義創始者等理論家出現，及諸多泛敘利亞組織、機構之成立。泛敘利亞主義創始者，前已述及是一馬龍知識分子，也是著名思想家：布斯坦尼（一八一九年至一八八三年），一八六○年，其在貝魯特發行名為：《敘利亞號角》(*Nafir Suriya, the Trumpet of Syria*) 的報紙，同時還出版《敘利亞沒落》(*Kharabat Suriya, the Ruins of Syria*) 一書，強調阿拉伯人應以敘利亞為效忠焦點，呼籲文藝界使用阿拉伯語寫作，復興阿拉伯文化傳統。其次要提到的是名為傑薩里（Jazairi）的政治家，其是一被放逐的阿爾及利亞領袖。一八七七年，回教遜尼領袖與傑薩里會

談，欲推舉其領導大敍利亞獨立運動，並承諾事成之後，擁戴其爲大敍利亞王國國王，但爲傑薩里婉拒。一八七八年，遜尼貴族在大馬士革成立第一個政治運動組織，復將傑薩里視作理想中的國王人選，但未有具體成果。一八八○年至一八八一年，敍利亞各城市出現許多鼓吹泛敍利亞主義的組織，名稱未詳。在其後廿五年中，泛敍利亞主義雖無何進展，同時阿拉伯人對大敍利亞國家觀念依然十分薄弱，但泛敍利亞主義總算有了起始❸。

一九○五年，泛敍利亞主義終於有了突破。一名爲阿松里（Negib Azoury）者，首度公開提出要求，謂說阿拉伯語之敍利亞，應在鄂圖曼土耳其帝國內實行自治。前已述及，一九○八年帝國境內青年土耳其革命，推翻哈米德二世（Hamid II），建立君主立憲政府，倡議泛伊斯蘭主義，欲淹沒阿拉伯民族自覺意識，但反而因此刺激阿拉伯民族運動發展。泛敍利亞主義邃從提倡阿拉伯文化復興，轉向激烈政治運動。一九○八年泛敍利亞主義者在巴黎建立敍利亞中央委員會 (Syrian Central Committee)，負責推動泛敍利亞主義者之聯合行動。一九○九年夏，一羣激進阿拉伯知識分子（包括文學家、職員、學生），在君士坦丁堡創設文學俱樂部 (El-Muntade el-Arabi)。一九一二年阿拉伯著名人士，在埃及開羅成立鄂圖曼地方分權黨 (Ottoman Decentralization Party)，又名反對中央集權社團 (the Decentralization Society)，分支遍佈敍利亞、伊拉克境內。公開鼓吹阿拉伯人是分佈在一特定地理區域之民族，有自己的語言、歷史、文化，要求與鄂圖曼帝國突厥人種同享平等權利，分權自治，確立阿拉伯語爲官方語

言，派遣代表參加中央政府等。但這些要求爲青年土耳其政府
所拒，並進而壓制泛敍利亞主義分子，有些泛敍利亞組織遂潛
入地下，並轉趨激烈，要求脫離鄂圖曼土耳其帝國統治，建立
獨立阿拉伯國家。譬如一九○九年底由馬斯里（Aziz Ali el-
Masri）少校領導的一批阿拉伯軍官組成之秘密政治社團：蓋
哈坦尼協會（El-Qahtaniya），卽主張阿拉伯、土耳其應分別
組成二雙合王國。另一在一九一一年由七名在巴黎求學的阿拉
伯青年所組成之組織：法塔特（Al-Fatat）（後遷至貝魯特，
最後遷至大馬士革），亦要求阿拉伯獨立建國。一九一六年海志
厄米爾（Amir, Prince）費蘇爾，亦曾加入之 ❻。

　　隨後在一九一三年，又有貝魯特改革委員會(the Reform
Committee of Beirut)、黎巴嫩復興運動（the Lebanese
Revival）、改革防衛敍利亞利益中央委員會（the Central
Committee for Reform and Defense of Syrian Interests)
之成立，和敍利亞阿拉伯國會(the Syrian Arab Congress)
在巴黎之召開 ❻。

第二節　軍事行動時期（一九一四年至一九一八年）

　　軍事行動時期爲一九一四年至一九一八年。一次大戰前，
英國瞭解鄂圖曼土耳其帝國崩潰在卽，阿拉伯情勢必將劇變。
爲保衛英在中東及南亞的利益，創一獨立親英阿拉伯國家，或
由多國組成親英邦聯，均是對英有利之構想。故英在阿拉伯半
島上積極尋求親英且願與英合作的勢力，最後選中海志的麥加

薛里夫胡笙。主要原因有四：一、胡笙最具代表性，胡笙爲回教先知哈希邁家族穆罕默德（Mohammed）後裔，故最具有歷史正統性。二、胡笙最具企圖心，胡笙曾遭放逐，一九〇八年始被鄂圖曼土耳其當局任命爲麥加薛里夫，一九一四年成爲阿拉伯世界主要人物，雄心萬丈，自認爲是所有阿拉伯土地統治者。三、胡笙最親英並願與英合作，一九一四年二月，胡笙派次子：厄米爾阿布都拉至開羅，向英試探雙方簽協定之可能性，一旦英答應給予支援和保證，則胡笙立刻叛變，並軍力援助英國。四、敍利亞境內有土耳其大軍駐紮，故當地泛敍利亞主義分子雖多，且最具政治意識，卻無法與英取得連繫。五、當時在內志的紹德（Ibn Saud）家族雖亦親英，但因無公然叛變意圖，且與瓦哈比（Whabbi）家族政教合作，在阿拉伯半島上開疆拓土，幾乎統一阿拉伯半島，予英難以牽制之感❻❻，故英選擇胡笙，擔負泛敍利亞主義重任。

　　一九一五年英與胡笙談判獲致協議，胡笙背叛土耳其，提供英軍事支持，英則承諾一九一五年大馬士革議定書中，胡笙所提之領土要求，卽北以卅七度爲界，東從伊朗邊境至波斯灣，南以阿拉伯海岸各國爲界至紅海、地中海海岸（未包括敍利亞海岸，卽黎巴嫩及阿拉威以北之地），盡爲其所有（巴勒斯坦地位則未確定）。每月英並給予胡笙廿萬鎊等❻❼。

　　雖然於此同時，英又與法密商簽訂賽克斯皮可協定，取消英對胡笙承諾，劃定兩國勢力範圍，但胡笙遲至一九一七年十二月，始由鄂圖曼土耳其當局獲知。胡笙在一九一六年六月五日，眞象未明情況下，正式對土宣戰❻❽。

　　胡笙集結效忠其之貝多因（Bedouin）（山地遊牧民族部

落）組成沙漠軍團，由胡笙長子阿里（Ali ibn al-Husayn）
及第三子厄米爾費蘇爾率領（勞倫斯（T. E. Lawrence，阿
拉伯的勞倫斯）上校負責訓練、指導）進攻麥加，三天後卽迫
土軍投降。同年九月，除麥地那外，內志均爲其控制。之後，
又兵分二路，一由阿里、阿布都拉、查伊德（Zaid）率領，留
守海志，包圍麥地那，另一由費蘇爾率領，與英將領亞蘭比統
率之埃及遠征軍會合，攻克重要據點（如華志（Wajd）、阿卡
巴（Akaba）、馬安(Maan)、達拉（Dara）），直抵大馬士革。
一路上，引起許多部落羣起反叛，及土軍阿拉伯軍官逃亡行動。
一九一八年十月一日英阿聯軍攻陷大馬士革。敍利亞其餘各地，
如海岸地區（泰爾（Tyre）、錫登、貝魯特、的黎波里）、內
地（荷姆斯（Homs）、哈馬、阿勒坡）亦經二戰役解放⑲。

　　總而言之，此時整個大敍利亞領土重新掌握在阿拉伯人手
中，重現翁美亞王朝歷史光榮。對於泛敍利亞主義分子而言，
軍事行動勝利，令人歡欣鼓舞，因爲這是泛敍利亞主義向前邁
進的重要基礎。從此，泛敍利亞主義分子不但由實踐印證理論
可行性，同時並展開嶄新的泛敍利亞主義試驗階段。

第 五 章
泛敍利亞主義的嘗試

泛敍利亞主義第二階段，從一九一八年（十月）至一九五○年。在這段期間，有多次泛敍利亞計畫的嘗試，雖然最後均慘遭失敗，但是由於泛敍利亞主義分子前仆後繼的努力，使得泛敍利亞主義，成為二○至五○年代中東炙手可熱的輿論焦點，並從失敗的經驗中，記取教訓，以為今日務實泛敍利亞主義之戒律。在這階段，有三個靈魂人物：費蘇爾、沙德、阿布都拉之出現，構成泛敍利亞主義發展重要象徵。故此一時期，誠為泛敍利亞主義發展重要階段之一。本文分成四方面探討之：㈠敍利亞王國成立及後續努力。㈡敍利亞社會民族主義政黨創立。㈢肥腴月灣聯盟之試圖建立。㈣外約旦兼併約旦河西岸。

第一節　敍利亞王國成立及後續努力

前已述及，泛敍利亞主義分子,從鄂圖曼土耳其帝國手中,解放阿拉伯領土,獲得軍事勝利，使泛敍利亞主義者大為振奮,勇敢地邁向建國之路。但是泛敍利亞主義的命運卻極為坎坷，敍利亞王國一度閃現，旋即消逝，不過泛敍利亞主義的努力仍

然持續，故本文將分從敍利亞王國成立，及其失敗後泛敍利亞
的努力兩方面說明泛敍利亞主義分子所作之嘗試。

第一目：敍利亞王國成立

一次大戰後，大敍利亞國家之觀念，從薄弱轉趨濃烈，許
多人開始接受此一想法，並有顯著進展。身爲胡筌之子及對抗土
軍之阿拉伯革命軍領袖費蘇爾，自然而然成爲泛敍利亞主義重
要靈魂人物之一。在大戰後初期，其擔任大馬士革軍事總督，
獲得阿拉伯人擁戴，成爲阿拉伯民族解放運動領導人，及未來
敍利亞王國統治者人選。一九一九年六月，敍利亞召開敍利亞
全國會議 (the General Syrian Congress)，費蘇爾宣稱
其有權統治敍利亞。一九一九年末，費蘇爾訪法，與法達成協
議，法要求黎巴嫩分離，及法繼續在敍利亞維持影響力，作爲
承認費蘇爾在敍利亞統治權之條件。一九二○年三月八日，敍
利亞全國會議，宣佈費蘇爾爲敍利亞王國國王。統治包括外約
旦和巴勒斯坦之大敍利亞。但法國隨卽在四月，取得國聯委任
統治敍利亞、黎巴嫩之權力，七月法軍進佔大馬士革，費蘇爾
被迫逃亡，結束對敍利亞之短暫統治 ❼。

阿布都拉在費蘇爾被廢後，本擬進軍大馬士革爲其復仇，
但爲英國所阻，最後在英安排下，英廢除對伊拉克委任統治，
代以同盟條約，並邀費蘇爾登基伊拉克國王，平息爭端。一
九二一年七月十一日，英國務會議正式宣佈費蘇爾爲伊拉克國
王。爲彌補原被胡筌指派爲伊拉克統治者之阿布都拉權力損
失，英國一方面力勸法國改變政策，使阿布都拉將來可在大馬
士革設立政府，另一方面則在法國與阿布都拉商談前，劃出巴

勒斯坦約旦河東岸（外約旦）不毛之地，請其屈就，英並津貼補助之。未料法執意不肯談判，並無意改變初衷。於是原爲英暫時緩衝權宜之計——安排阿布都拉統治外約旦，竟成永遠無法改變的旣成事實 ❼。

第二目：泛敍利亞主義的繼續努力

在費蘇爾失敗後，整個阿拉伯世界泛敍利亞主義意識仍極強烈。譬如一九二六年四月，泛敍利亞主義分子極力要求敍利亞有權統一阿拉伯世界，法忍無可忍，逐採取高壓手段，逮捕敍利亞主義分子入獄。許多人逃亡巴格達（Baghdad）、安曼（Amman），勸說費蘇爾及阿布都拉重申統一阿拉伯世界主張。些人則逃往埃及，繼續宣傳泛敍利亞主義。譬如敍利亞被放逐有者尼米爾(Faris Nimr)在開羅創立報紙(*Al-Muqattam*) 鼓吹之。敍利亞統一黨(the Syrian Party of Unity, Hizb al-Ittihad as-Suri) 成員，在一九二一年建立敍利亞巴勒斯坦國會 (the Syro-Palestinian Congress)，目標在建立統一的大敍利亞。敍利亞國民黨(Syrian National Party, Hizb al-Watanias-Suri) 亦尋求大敍利亞目標之實現。敍利亞巴勒斯坦國會領袖如阿爾薩蘭（Shakib Arsalan）和里達（Rashid Rida），均將巴勒斯坦視爲南敍利亞 ❼。

一九二五年在法鼓勵下建立之人民黨（the People's Party, Hizb ash-Sha'b）和敍聯盟黨（the Party of Syrian Union, Hizb al-Wahda as Suriya），亦要求敍利亞自然疆界內之重新統一。同年七月，德魯士在蘇丹阿塔錫（Sultan al-Atrash）領導下，發動反法革命，要求敍利亞重新統一，成爲

獨立阿拉伯敍利亞國家。一方面派員至黎巴嫩鼓勵、遊說遜尼回教徒與敍利亞統一，另一方面發動游擊隊攻擊一部分黎巴嫩領土。一九二五年十一月阿爾薩蘭更要求法在黎巴嫩爆發衝突省份，舉行公民投票未果，一九二七年遭受鎮壓。一九三六年，敍再派遣代表至巴黎談判，要求歸還一九二〇年爲法奪走，兼併至黎之失土，但均告失敗❼❸。

第二節　敍利亞社會民族主義政黨創立

敍利亞社會民族主義政黨（the Syrian Social Nationalist Party, SSNP, al-Hizb as-Suri al-Qawmi al-Ijtimai）（以下簡稱敍社民黨，其又名敍利亞民族主義政黨（the Syrian Nationalist Party）或社會民族主義政黨（the Social Nationalist Party），簡稱 SNP，因法錯譯爲: the Parti Populaire Syrien 或 the Parti Populaire Social，故又簡稱PPS）❼❹。創立者沙德，係希臘正教知識分子，爲泛敍利亞主義靈魂人物之一。

沙德在一九三二年十一月創立敍社民黨，係泛敍利亞主義發展過程重要大事。因此一政黨之出現，方使泛敍利亞主義具有獨特意識型態。敍社民黨教條中，包括法西斯主義、激進社會改革、世俗主義與大敍利亞計畫。敍社民黨之法西斯主義本質，使該黨蒙上神秘民族主義色彩，基本上是利用德國勢力的引進，來平衡英法殖民帝國勢力。敍社民黨主張激進社會改革與世俗主義，主要因其可爲社會帶來新機會、新希望，否認回教基本

教義，否認宗教歧異性，將回教徒與非回教徒混爲一談，尊重異教及崇尚古代歷史、文化，古代基督教文化先於回教文化。總之，敍社民黨激進社會改革、世俗主義包括五原則：政教分離、禁止敎士干政、消除宗派（以上爲世俗化）、廢除封建主義、建立強大軍隊（現代化）。對於泛敍利亞主義而言，敍社民黨最重要之主張，乃是大敍利亞計畫。前已述及，沙德爲純粹泛敍利亞主義者，反對泛阿拉伯主義，反對建立一大阿拉伯政治實體，強調對大敍利亞領土的極端感情，強調對大敍利亞國家認同。他認爲唯有如此，方能彌補基督教、回教歷史鴻溝，使二者同享平等地位 ❼ 。

　　敍社民黨組織愼密，紀律嚴謹，並有威權領導和淸晰敎條，因此，吸引許多著名政治人物投入。譬如黎巴嫩著名政治家、出版家杜瓦尼（Ghassan Tuwayni）、巴勒斯坦民族主義領導者夏拉比（Hisham Sharabi）、敍利亞軍事獨裁者錫夏克里（Adib ash-Shishakli）、敍利亞國家元首傑第德（Salah Jadid)等，均爲其成員。除此外，敍社民黨亦成爲許多後進政黨學習、模倣之典範。譬如德魯士領袖鍾布拉特（Kamal Jumblatt），一九四九年創立進步社會主義政黨(the Progressive Socialist Party)，卽曾與敍社民黨協商合作。錫夏克里亦倣效敍社民黨，於一九五三年八月建立阿拉伯解放陣線（the Arab Liberation Movement)，其後又建立國家青年黨（the National Youth Party, Hizb ash-Shabab al-Watani)，一九五〇年一月，國家靑年黨轉變爲阿拉伯社會主義政黨(the Arab Socialist Party, al-Hizb al-Ishtiraki al-'Arabi)，一九五三年二月，融入阿拉伯社會主義復興黨（巴斯黨 the

Ba'th Party)。因此，巴斯黨之意念最早來自敍社民黨 ⑯。

第三節　肥腴月灣聯盟之試圖建立

　　根據美研究古代中東學者布里斯特（James Henry Breasted）之論點，肥腴月灣（Fertile Crescent, al-hilal al-khasib in Arabic)係指由地中海東岸向北延伸,圍繞敍利亞沙漠，東至美索不達米亞，南至波斯灣之月灣形狀地區。敍社民黨創始者沙德認爲肥腴月灣可替代大敍利亞，作爲當地居民認同象徵。因爲一部分的伊拉克曾是大敍利亞之一部分（今日伊拉克摩蘇爾(Mosul)省、巴格達，與敍利亞阿勒坡關係密切，摩蘇爾原爲法統治，後法答應英兼併摩蘇爾要求，藉以換取英石油供應）。有些伊拉克泛敍利亞主義者贊同伊拉克爲大敍利亞之一部分，尋求加入大敍利亞，視伊拉克爲肥腴月灣聯盟之東、中部 ⑰。

　　哈希邁家族是首先提出大敍利亞應包括伊拉克者，譬如一九一六年海志胡笙國王鑒於阿拉伯王國計畫,短期間尚難實現，故與其子作一妥協，使長子：阿里繼承其位，仍爲海志國王（其在一九二四年十月上臺，一九二五年十二月沙烏地佔領海志後下臺）。阿布都拉爲伊拉克國王，三子費蘇爾爲敍利亞國王。前已述及英國與費蘇爾關係友好，在敍利亞王國爲法摧毀後，立卽安排費蘇爾於一九二一年八月廿三日入主伊拉克，並訓誡其遠離敍利亞政治。但是不僅費蘇爾至死（一九三三年九月）未曾忘記大敍統一計畫。其子加齊（Ghazi）一九三三

年至一九三九年在位時亦喜之。待費蘇爾二世繼位，因尚年幼，由攝政王伊拉（'Abd al-Illah，其爲阿里之子，費蘇爾二世伯父）、賽德(Nuri Pasha as-Sàid，一次大戰時爲費蘇爾軍事參謀長，一九三〇年至一九五八年曾數度爲伊總理及外交部長，爲英摯友）輔佐，對大敍利亞也深感興趣。一九三五年賽德曾提伊拉克與外約旦先行聯合，再邀敍利亞、黎巴嫩、巴勒斯坦加入之計畫，但爲英所阻。卽使如此，英國在二次大戰前夕，亦重燃建立親英阿拉伯邦聯野心緣因當時納粹勢起，威脅英在中東利益，故英國有與阿拉伯國家重新聯合之考慮❼❽。特別是一九四一年，英從法維琪政府手中佔領敍利亞、黎巴嫩之後，使得阿拉伯半島除沙烏地阿拉伯、也門外，均爲英所控制，情勢對其再度操縱阿拉伯政治大爲有利，英遂屬意伊拉克哈希邁家族，繼續完成統一阿拉伯世界大業，鼓勵伊拉克籌組肥腴月灣聯盟❼❾。

　　一九四二年十二月，賽德擬訂藍皮書，規劃阿拉伯聯盟計畫，並在一九四三年一月公開之，分三階段完成阿拉伯世界統一。首先形成大敍利亞，使敍利亞、黎巴嫩、外約旦、巴勒斯坦重新統一，政府形式（王國、共和國或邦聯）交由大敍利亞人民決定。繼則大敍利亞與伊拉克聯盟，以條約使二者連繫，形成肥腴月灣聯盟。最後再加入其他國家，建立一更大的全阿拉伯聯盟。雖然英全力支持，惜埃及、沙烏地阿拉伯極力反對，敍利亞、黎巴嫩不表贊同，故終使其束之高閣。籌建阿拉伯聯盟的主動權，遂轉爲埃及所奪❽⓪。

第四節　外約旦兼併西岸

　　開創務實泛敍利亞主義先驅的外約旦國王阿布都拉，是泛
敍利亞第二階段第三個重要靈魂人物。其在一九四八年五月中
東以阿第一次戰爭（以色列獨立戰爭），進佔且兼併約旦河西
岸及東耶路撒冷（舊城 the Old City），不但使阿布都拉成
爲二○年代以迄七○年代，阿拉伯世界唯一達到泛敍利亞目標
之領袖，亦使泛敍利亞主義達於高潮，成爲泛敍利亞主義發展
重要象徵。

　　一九四五年九月，英國與阿布都拉設計，爲使一九四八年
五月英軍撤出巴勒斯坦之際，外約旦能掌握機先，取得對西岸
之控制權，遂在一九四八年四月，英國同意外約旦先行佈置兩
千軍隊在巴勒斯坦，俟英軍撤離後，順利進佔西岸。外約旦在
一九四八年以阿戰爭時，佔領西岸，並在十一月展開統一過程。
同年十二月召開巴勒斯坦阿拉伯國會，要求統一外約旦和巴勒
斯坦，國會宣佈阿布都拉爲所有巴勒斯坦國王。巴勒斯坦、外
約旦之聯合爲朝向眞正阿拉伯統一之前奏，如同卅年前阿布都
拉帶許多敍利亞人至外約旦政府，如今，他亦帶許多西岸巴勒
斯坦人入閣。一九四九年六月，外約旦改名約旦，一九五○年
三月，外約旦和巴勒斯坦被稱爲東岸、西岸，一九五○年四月
廿四日正式兼併西岸 ❸。

　　阿布都拉自從一九二一年三月到安曼爲王，至一九五一年
七月被巴勒斯坦分離分子：海濟阿明 (Haj Amin el-Huss-

eni）屬下暗殺身亡為止，　為泛敍利亞主義奉獻卅年，　大敍利
亞計畫成為外約旦外交政策重心。分析阿布都拉兼併西岸之因
素，有下列諸端：　一、實現泛敍利亞計畫的第一步。西岸為巴勒
斯坦一部分，巴勒斯坦為南敍利亞，　故兼併西岸，有可能使其
繼續邁向大敍利亞之憧憬。吾人皆知，　阿布都拉對巴勒斯坦的
興趣由來已久。早在阿布都拉抵達安曼為王之前，　卽曾向英國
當時管理殖民事務之邱吉爾（Winston Churchill），　表達控制
巴勒斯坦意願。一九三四年七月，　其再度請求統一巴勒斯坦、
外約旦，　所持的理由是，巴勒斯坦、外約旦同屬一地，　巴勒斯
坦為海岸地區，　外約旦為內陸地區，巴勒斯坦為外約旦政府安
全地帶。一九三六年，　沙漠部落領袖會議，決議從英國、猶太
人手中贏回巴勒斯坦。一九三八年五月，　阿布都拉提備忘錄給
英國，　謂巴勒斯坦必須與外約旦在其統治下達成統一❷。二、
阿布都拉在其他地區受挫，故轉向巴勒斯坦發展。譬如在敍利
亞，　一九四一年五月，英外長艾登（Anthony　Eden）本支
持阿布都拉統一大敍利亞計畫，但後因英改作領土統合的努力
變主意，排除外約旦軍入敍利亞，並派員速往安曼阻阿布都拉
（但並非迫其放棄目的）。一九四三年、一九四七年敍利亞舉
行大選，阿布都拉積極向敍宣傳在其王位下統合。一九四五年
外約旦外交部長謂百分之五十的黎巴嫩人民歡迎與外約旦、巴
勒斯坦合併。一九四六年十一月，　阿布都拉謂統一大敍利亞，
為外約旦外交政策最重要目標。一九四七年三月，阿布都拉宣
佈要統治一包括敍利亞、外約旦、黎巴嫩的國家。一九四七年
八月阿布都拉召開會議，　討論統一計畫，但敍、黎領袖宣佈阿
布都拉干預內政，報紙聯盟（the Union of Newspaper）主

編宣佈，大敍利亞計畫爲帝國主義陰謀，敍回教兄弟會，敍、黎共黨等，羣起反對。沙烏地阿拉伯公開反對英支持大敍利亞計畫，要求美立卽干預。一九四七年十月，阿布都拉被迫聲明放棄大敍努力（實際仍堅持之），故轉向巴勒斯坦發展勢力 ⑧。

三、歷史使命感。前已述及，其身爲先知穆罕默德後裔，肩負完成統一阿拉伯世界任務。同時一九三三年、一九三五年其兄弟阿里、費蘇爾相繼過世，餘下阿布都拉爲哈希邁家族最長者及公認首腦，自認不但是佔據四分之三巴勒斯坦之地——外約旦統治者，更是阿拉伯革命繼承者，有合法權力完成統一大業。四、軍力強盛。英國一方面提供財政援助（二〇年代每年十萬英鎊，四〇年代超過兩百萬英鎊）給外約旦。另一方面更以軍事援助，幫助外約旦建立強大軍力。譬如一九二一年助其成立阿拉伯軍團，雇用四十名英國軍官幫助訓練。一九二八年英、外約旦簽訂雙邊條約，成立外約旦邊境隊，保衛外約旦邊境。一九四〇年在阿拉伯軍團內設沙漠機械化團，使外約旦軍力成爲阿拉伯國家最強者 ⑧，強大軍力成爲阿布都拉推展泛敍利亞主義有力後盾。五、輿論期盼。阿布都拉政府要員，率皆爲法推翻之敍利亞王國官員，其均爲泛敍利亞主義信仰者，時常提醒阿布都拉，當年來到外約旦的目的，志在驅逐法國勢力，實現大敍利亞理想。六、阻擋泛阿拉伯勢力擴張。四〇年代，埃及泛阿拉伯主義大力宣傳，逐漸形成強勢意識型態，吸引許多阿拉伯知識分子注意（一九四三年三月埃及公開表示對阿拉伯統一有高度興趣）。阿布都拉爲對抗泛阿拉伯主義擴張，除採取務實作法，使泛敍利亞主義目標與泛阿拉伯主義目標相互配合外，更以具體兼併西岸行動，表明其進行大敍利亞

計畫決心。七、四〇年代，法國在勒芬特的勢力被英驅逐，法國不再成為阿布都拉推動泛敍利亞主義的絆腳石，使阿布都拉得以大膽向西岸跨出一步 ㉟。

　　總而言之，一九一八年至一九五〇年，中東曾有多次泛敍利亞主義之嘗試，譬如敍利亞王國、敍社民黨大敍利亞計畫的提出、肥腴月灣聯盟計畫的宣佈，約旦兼併西岸等，最後雖不成功，但卻代表泛敍利亞主義份子實現理想的決心，其努力不會因暫時的挫折而中綴或放棄，也代表了泛敍利亞主義發展過程中的一些具體的行動。

第 六 章
泛敍利亞主義的停滯

　　一九五○年至一九七○年是泛敍利亞主義發展失去動力，呈現停滯的時期。雖然在此期間,亦有若干泛敍利亞主義努力，但若非瞬卽幻滅（如五○年代初，敍國會議員多次要求與約旦或伊拉克聯合，均被打消。一九五○年末，軍隊甚至公然逮捕主張聯合者，謂其對抗敍國利益），就是停留於言辭聲明，無具體行動（譬如五○、六○年代敍統治者，軍事強人錫夏克里，具有敍社民黨成員身分，有泛敍利亞主義傾向，主張土耳其應歸還亞歷山大勒達省,從陶洛斯山到安提陶洛斯山（Anti-Taurus）盡爲敍所有，巴勒斯坦爲南敍利亞，要求約旦回歸敍利亞，給予巴勒斯坦居民與敍居民同等權力等等）❽❻。歸納泛敍利亞主義停滯的原因，有下列諸端:

　　一、敍利亞國內政治動盪不安: 敍利亞自從一九四九年札姆（Husni az-Zaim）政變後至七○年代初，政治動盪不安，政變頻仍，軍隊時常介入政爭，政情極不穩定（根據統計，一九四六年至一九七六年更換廿一個政府，其間有一年換三個政府，有一個僅數日），因之阻礙敍利亞當局任何向外擴張的努力。譬如敍利亞過去不斷鼓吹黎境回教徒回歸祖國，現則不再呼籲，表面的理由是保留黎境衆多回教徒，有助於維持黎回教國家性質 ❽❼，實則力不從心，無能爲力。

　　二、敍利亞巴斯黨崛起：一九五四年初，主張泛阿拉伯主
義（激進社會改革、計畫經濟、阿拉伯一統）的巴斯黨，在敍
利亞嶄露頭角並執政，是造成泛敍利亞主義無法進展的主要原
因。巴斯黨係由法委任統治時期之民族陣線（the National
Bloc）演變而來，一九四〇年成立，一九四七年—四八年，分
裂爲人民黨（the People's Party）和國民黨（the Nation-
al Party），其後形成二左翼團體：阿拉伯復興黨（the Arab
Renaissance Party）和郝拉尼的社會黨（the Socialist
Party），二者最後融合爲巴斯黨（al-Baath al-Arabi al-
Ishtiraqi）。一九五五年,巴斯黨向埃及尋求聯合，一九五八年
二月敍利亞與埃及合併，成立聯合阿拉伯共和國（the United
Arab Republic），簡稱阿聯 ❽，致使泛敍利亞主義毫無扮演
角色之餘地。

　　三、國家民族意識覺醒：四〇年代，埃及對泛阿拉伯主義
興趣濃厚，在其大力促成下，建立鬆散的阿拉伯國家組織——
阿拉伯聯盟（the Arab League），給予既存政治單位合法
性。大敍利亞範圍內主要國家——敍利亞、黎巴嫩、約旦及伊
拉克，在一九四六年至一九四八年相繼獨立，並加入阿拉伯聯
盟，此後阿拉伯世界國家民族意識抬頭，其均珍惜在新獨立國
家中，所擁有的自尊和驕傲，覺察維護國家主權獨立、領土完
整的重要 ❾，因之降低對泛敍利亞主義的熱衷。

　　四、沙德、阿布都拉被害致死：敍社民黨創立者沙德一九
四九年六月爲敍利亞統治者札姆利用，先允提供武器鼓勵其在
貝魯特籌劃推翻黎當局，同年七月，出賣之，將其送交黎秘密
警察，卒爲黎判處死刑 ❿。而約旦阿布都拉國王，則係在兼併

西岸之後，遭受各方嫉恨，外交被孤立，其後一些泛敍利亞主義努力亦被挫折（譬如一九四九年策動推翻敍庫瓦特里（Shu-kri al-Quwwatli）政變不成，旋迫札姆形成敍、約旦聯合，亦爲札姆所拒，札姆以關閉兩國邊界，且言明約旦乃敍第十省抗議之）。一九五一年六月十三日，阿布都拉要求黎前總理蘇拉（Riyad as-Sulh）至安曼會面，卻雙雙爲巴勒斯坦分離分子及敍社民黨成員暗殺身亡 ❽。此二泛敍利亞主義要角之死，對於泛敍利亞主義發展造成莫大傷害，泛敍利亞主義分子膽寒而心生警惕者衆。

　　五、伊拉克與約旦心結難解：伊拉克在費蘇爾國王去世後，繼續維持王朝統治至一九五八年，被革命推翻時爲止。雖然伊拉克與約旦四〇、五〇年代皆係哈希邁家族統治之王國，但彼此之間，卻因利害不同，互不信任，不肯合作，致使泛敍利亞主義的呼籲，流爲空談。兩國主要心結在於：㈠目標衝突：伊拉克傾向肥腴月灣聯盟，希望藉此擴大本身權力，提高伊拉克地位、聲望。約旦阿布都拉則努力尋求自己的王位，夢想統治整個大敍利亞。㈡雙方皆不信服對方領袖可作爲大敍利亞之統治者，於是互相掣肘，阻礙了泛敍利亞主義向前推展 ❾。

　　六、以色列軍力日漸强大：阿拉伯國家面對以色列强敵，心理上疑懼加深，似難以像過去一般，重申對整個巴勒斯坦主權要求，因此消蝕對大敍利亞統一大業之信心。

　　總而言之，泛敍利亞主義在一九五〇年至一九七〇年趨於消沈，進展停滯，有其主客觀因素。譬如：敍利亞國內政治動盪不安，敍利亞提倡泛阿拉伯主義之巴斯黨崛起，在阿拉伯國

家相繼獨立，並加入阿拉伯聯盟後，國家民族意識日趨濃厚，鼓吹泛敍利亞主義主要角色： 沙德、阿布都拉遇害，以及伊拉克、約旦心結難解， 互相掣肘，以色列成爲中東軍事強權等等，均是非常不利的負面因素。

第 七 章
泛敍利亞主義的復甦

一九六一年九月廿八日，敍軍隊發動政變成功，使敍脫離與埃及合組之阿聯，重獲獨立。其後五年的時間，敍利亞在追求獨立自主與泛阿拉伯殘存勢力間浮沉直至一九六六年，始完全從泛阿拉伯主義迷夢中覺醒，以敍利亞國家利益為第一優先，專注國內問題處理。但自一九七○年以後，敍利亞又不甘寂寞，復朝向泛敍利亞主義發展。不過七○年至七四年的泛敍利亞主義，是朝向肥腴月灣聯盟構想發展，七五年以後，始轉向黎巴嫩、約旦、巴勒斯坦進展 ❽。本文除說明泛敍利亞主義復甦因素外，更在探討泛敍利亞主義復甦的第一個跡象——東線肥腴月灣聯盟 (Eastern Front Fertile Crescent Alliance)（簡稱東線聯盟）。

第一節　泛敍利亞主義復甦之原因

吾人歸納敍利亞復甦泛敍利亞主義的原因有：阿塞德個人因素、填補思想意識型態空虛、激發少數族羣的向心力，以及轉移注意，整合遜尼。

一、阿塞德個人因素：阿塞德為巴斯黨員，故有泛阿拉伯

主義色彩是極其自然之事。譬如阿塞德自承爲納瑟、沙拉丁之崇拜者，據悉納瑟死後數星期（一九七○年十一月），阿塞德卽曾暗示其爲納瑟繼承者，將秉持納瑟信念，建立統治權。至於沙拉丁，前已述及，其是十二世紀統一回敎徒，打敗十字軍的阿拉伯歷史英雄，阿塞德在辦公室展現沙拉丁戰勝敵人的巨幅畫像，並經常推崇沙拉丁的成功、勝利。一九八四年卡特訪問阿塞德後，稱譽其爲現代沙拉丁，擔負起阿拉伯統一大業。總之，阿塞德以納瑟、沙拉丁爲楷模，有阿拉伯統一意念，堅決對抗以色列之決心 ❹。

而另一方面，阿塞德又有泛敍利亞主義背景，阿塞德不但在泛敍利亞主義高潮的時空下成長，其妻子、岳家均與敍社民黨有長期來往關係。因之，阿塞德與敍社民黨關係，亦極爲密切，阿塞德心裏潛伏有泛敍利亞主義傾向。吾人由其在許多場合中，發表許多親泛敍利亞主義之言論，可以推論，阿塞德實融合泛阿拉伯主義於泛敍利亞主義中，成爲務實泛敍利亞主義者 ❺。

二、思想意識型態空虛： 一九六○年代，一連串事件發生，譬如阿聯解體、埃及在也門戰爭、一九六七年六月以阿第三次戰爭，阿拉伯國家慘敗等等，使泛阿拉伯統一前景黯淡，最後終遭唾棄。敍利亞在摒棄泛阿拉伯主義後，思想意識型態出現眞空，必須尋求一新的思想意識以爲塡補 ❻。當時阿拉伯世界，在泛阿拉伯主義消沉後，較爲突顯的思潮爲敍利亞民族主義、伊斯蘭基本主義（Islamic Fuudamentalism）、巴勒斯坦民族主義等。對於敍利亞當局而言，重拾泛敍利亞主義，不失爲最切合自身利益的選擇。

三、激發少數族羣的向心力：前已述及，敍利亞人種複雜，除佔敍絕大多數人口（百分之六十八點九）的遜尼阿拉伯人外，尚有少數族羣，其中包括基督徒（佔敍人口百分之十四點一）、阿拉威（佔敍人口百分之十一點五）及德魯士（佔敍人口百分之三）。少數族羣一向對敍政府效忠薄弱。在敍利亞一九四六年獨立後幾年，幾乎所有國民，均在尋找效忠標的。譬如敍社民黨成員不滿敍利亞的領土範圍，認為敍利亞是列強瓜分餘下的土地，有不到一半的敍社民黨成員認為其是敍利亞阿拉伯人。巴斯黨成員則希望敍能加入一大阿拉伯政治實體中。阿拉威希望獨立自主，或與黎巴嫩連結。德魯士亦要求獨立自主，或與約旦簽協定。換言之，敍利亞人自獨立後，視政體為暫時安排，不願為其奉獻心力。一九七〇年阿塞德以阿拉威少數族羣領袖領導敍利亞，阿塞德明白表示不信任泛阿拉伯主義，而傾向泛敍利亞主義 ⑰，而泛敍利亞主義之世俗性，一直吸引少數族羣，故阿塞德希望藉泛敍利亞主義凝聚少數族羣的向心力，激發其對政府的效忠。

四、轉移注意、整合遜尼：過去，遜尼回教徒在敍利亞，無論人口或政治上，均居於多數優勢。但是五〇年代遜尼主政，採行泛阿拉伯主義的結果，將敍帶入痛苦深淵，最後終於激起軍事政變，掃除與埃及合併夢魘。遜尼主政者下臺，遜尼失勢，屈居劣勢，遜尼傳統優越地位完全逆轉，因之，造成遜尼心理上極不平衡。再者，遜尼仇外，對於西方列強宰制阿拉伯政治，出賣阿拉伯人利益，任意劃分疆界，幫助猶太人建國等等極為厭惡。少數族羣過去一向為自身利益（譬如擺脫遜尼控制），與西方帝國主義勾結，建立密切關係，並因而產生自

信。於今阿拉威人復又得勢，遜尼更是嫉恨不已。阿塞德爲緩
和國內尖銳對立情勢，需要一向外拓展且帶有民族主義色彩的
意識型態，藉此轉移敍人對內政的注意，兼具整合遜尼，減少
其對阿塞德少數統治政權之敵視，並使政府行動具正當合理道
德性。泛阿拉伯主義、泛敍利亞主義本皆能發揮此一效果。而
今泛阿拉伯主義已證實無法實現，故求諸泛敍利亞主義，使其
成爲唯一最後之選擇 ❾❽。

第二節　東線聯盟

　　泛敍利亞主義復甦第一個跡象爲東線聯盟。中東問題專家
毛斯說：一九七○年至一九七四年間，阿塞德曾有肥腴月灣計
畫 ❾❾。阿塞德的肥腴月灣計畫來自一九六八年阿塞德時任敍利
亞國防部長時之東線肥腴月灣聯盟（簡稱東線聯盟），卽包括
敍利亞、伊拉克、約旦、黎巴嫩、巴勒斯坦之東線指揮。事實
上阿塞德在推動東線聯盟之初，尚有與埃及形成大馬士革、開
羅爲軸心的新阿拉伯戰略聯盟的構想。吾人由阿塞德上臺後第
一個政治行動——加入新成立的埃及、利比亞、蘇丹聯合：
「阿拉伯共和國聯合」（Federation of Arab Republics），
並與埃及簽訂軍事條約可資證明 ❿。歸納阿塞德欲推動東線聯
盟的原因爲：基於敍國家安全考慮、打消伊拉克主導聯盟野
心、其他阿拉伯國家無暇他顧。

　　一、基於敍國家安全考慮：一九六六年敍巴斯黨內鬨，左
翼、溫和派系激烈鬥爭，造成流血衝突。最後巴斯左翼得勢，

新政府成立，阿塞德崛起，成爲國防部長，但因不滿敍當局三項措施，而尋求政變。這三項措施，其一：一九六七年六月第三次中東戰爭，敍失利，空軍大部分被摧毀，戈蘭高地位於梯柏里斯（Tibers）河以東之地被佔領，敍當局歸咎軍隊，身爲國防部長之阿塞德因之大爲不滿。其二：敍政府在一九六七年戰後，不但拒絕參加標榜政治解決以阿衝突之喀土木（Khartoum）阿拉伯高峯會議（the Arab Summit Conference）（一九六七年八月末舉行，大多數阿拉伯國家均出席）。反而在八月末、九月初召開巴斯黨全國指揮第九屆大會，強調敍將採取激進、親蘇、與社會主義陣營合作路線，反對與保守或反動的阿拉伯政權（如約旦、沙烏地阿拉伯）合作。並繼續反帝國主義解放鬥爭，反對與以色列妥協等等，終使敍利亞陷於外交孤立，阿塞德認爲孤立，將使敍國安全備受威脅，必須尋求與埃及或其他阿拉伯國家軍事緊密連繫，方能紓解危機。其三：一九七〇年約旦內戰，傑第德（Saleh Jadid）等左翼文人巴斯黨員決定干預，派遣坦克越界至約旦北部，造成國際緊張（因蘇供應敍武器，美則幕後支持保護約旦，一旦約旦處境困難，美必聲援救助，可能引發美蘇衝突）。同時以敍戰爭一觸卽發（因敍介入約旦內戰，危及以安全，以亦欲派軍入約旦）。最後約旦胡笙發動空中攻擊，擊退敍利亞坦克部隊。阿塞德批評敍當局在採取軍事行動前，未與其諮商，以致造成敍軍力損耗及其他阿拉伯國家反感，予以色列更大利益。敍巴斯黨嚴重分裂，導致左翼巴斯時期結束，軍事巴斯團體上臺❿。一九七〇年十月十七日，阿塞德發動政變成功，十一月廿一日自命爲總統及巴斯黨領導，內政上摒除激進社會主義政策，外交則採取溫和

路線，促進與其他阿拉伯國家友好關係。

　　二、打消伊拉克主導聯盟野心：阿塞德瞭解五〇年代伊拉克哈希邁王朝在英幕後支持下，野心勃勃，欲籌組肥腴月彎聯盟，入主大馬士革。一九五八年伊拉克革命，哈希邁王朝被推翻，始中斷介入大敍利亞之興趣。然而至一九六三年，巴斯黨在伊拉克當權後，復又熱衷與敍利亞、埃及聯合事宜。譬如一九六三年四月十七日伊（巴克爾總理（Premier General Ahmed Hassan Bakr）、阿夫列克(黨魁)與敍（畢塔爾總理，Premier Bitar）、埃（納瑟）簽聯合協定（Union Accord）組三國聯邦（後因埃敍關係不睦作罷），同年九月二日敍伊簽經濟聯合協定，同年十月八日敍伊復簽軍事聯合協定 ⓫。敍利亞為打消伊拉克野心，制敵機先，搶在伊拉克之前，躍居區域聯盟領導國家地位，因之，主動提出東線聯盟，以免受制伊拉克，不得翻身。

　　三、其他阿拉伯國家無暇他顧：一九六七年第三次中東戰爭，阿拉伯國家慘敗之後，率皆專注國內問題處理，無暇亦不願過問他國事務。譬如埃及元氣損傷，重整內部。黎巴嫩內戰方殷，國內情勢日益惡化，無暇他顧。約旦為境內巴勒斯坦難民勢力坐大困擾，傾向維持主權獨立。巴解儘量廻避敏感問題。於是在此疏離冷漠的國際環境氣氛下，正好提供敍利亞伺機向外施展雄圖。

　　總而言之，泛敍利亞主義在一九七〇年敍利亞阿塞德總統上臺後得到復甦，初期阿塞德熱衷東線聯盟，不久發現窒礙難行，遂斷絕此一念頭，轉向黎巴嫩、約旦、巴勒斯坦發展。

第 八 章
阿塞德大敍利亞計畫之進展

　　敍利亞在一九七四年十月末、一九七五年四月初，兩度向伊拉克提出聯合遭拒後，對於東線聯盟徹底絕望。再加上一九七四年十月末第七屆拉巴特阿拉伯高峯會議，決議剝奪約旦對巴勒斯坦權力主張，約旦外交陷於空前孤立，同時，一九七五年黎巴嫩內戰爆發，情勢對敍利亞極爲有利。更重要的是，一九七五年美前總統卡特（Carter）屈就阿塞德，至日內瓦舉行會談，對阿塞德頗有好評，讚譽有加，並成爲密友，大大提昇阿塞德及敍利亞國家聲望，敍美關係亦獲增進。同年九月初，埃及片面與以色列簽訂西奈第二階段協定後，敍利亞遂取代埃及領導地位，成爲阿拉伯世界對抗以色列之新軸心 ⓧ，故在一九七五年以後，大膽轉向黎巴嫩、約旦、巴勒斯坦發展勢力。

　　阿塞德大敍利亞計畫目標有四：土耳其亞歷山大勒達省（以下簡稱亞省）、黎巴嫩、約旦、巴勒斯坦，但以後三者爲主要。一九八〇年代初，敍利亞出版學校教科書中謂：大敍利亞(the Bilad Ash-Sham, the Land of Syria) 爲歷史、地理名詞，此一區域在一次大戰後，被劃分爲四迷你小國（mini-states）——敍利亞、黎巴嫩、約旦、巴勒斯坦（尚未成立國家，敍不承認以色列生存權），敍利亞欲達成四國間之邦聯，並在其中扮演權力中心角色 ⓧ。由於敍利亞對亞省之權力主張，僅停留

在言詞要求之階段，並無實際行動，故本文僅略述其背景，至於敍利亞在黎巴嫩、約旦、巴勒斯坦之進展，則是本文探討重點所在。

亞省係敍利亞歷史疆界範圍內之一部分。亞省居民主要雖為土耳其人（佔百分之四十），但也有許多阿拉伯人、庫德人。一九二一年弗蘭克林波伊朗條約（the Franklin-Bouillon Agreement），亞省劃為一特別行政區。三〇年代，法東地中海基地，因受德、義軍事主義復起威脅，擬拉攏土耳其以為制衡，遂背棄一九三六年九月法敍條約所作承諾（允許包括亞省在內之敍利亞的獨立），擅與土耳其在一九三七年簽訂條約，保證亞省完整（法敍條約簽訂後，遭土抗議，亞省問題提交國聯裁決，法土同意亞省自治）。一九三八年七月三日法土安提阿（Antioch）協定，法土軍共管亞省，一九三八年七月四日，安卡拉法土友好條約簽訂，七月五日土軍進駐亞省，九月舉行選舉，九月二日宣佈亞省為海推共和國，開始進行與土合併運動，一九三九年六月廿三日，法土簽互不侵犯條約，法以亞省割讓予土 ⑩。

敍利亞在一九四五年舊金山和會，努力尋求收復亞省不果。一九四六年敍獨立後，於一九四七年復提出亞省問題，交聯合國處理，巴斯黨並要求亞省回歸敍。一九五八年，敍加入阿聯，此一問題又再浮現，阿聯在一九六〇年決議收復亞省。自此後，巴斯黨每年均呼籲收復亞省 ⑩。

多年來，亞省均置於敍利亞官方地圖上，常常提到敍利亞必須重新收復失土。每天大眾傳播媒體新聞氣象報告時，亦均提到亞省 ⑩。總之，敍利亞失去亞省將近半世紀，但是要求收

復亞省的願望，至今仍然鮮活，同時這也是造成土敍關係惡劣的最主要因素。

第一節　在黎巴嫩之進展

黎巴嫩各派系均深信敍利亞對黎巴嫩有領土野心，特別已故南黎巴嫩軍領袖哈達德（Major Said Haddad）曾說：「黎爲大敍利亞不可分割之一部分，敍不可能從黎巴嫩撤軍，因爲敍至黎目的在合併黎。」其繼承人拉赫德（General Antun Lahd）亦說：「敍利亞爲黎巴嫩最大敵人，其目的在吞併黎巴嫩、控制黎巴嫩。」黎前總統巴希爾賈梅耶（Bashir Jumayyil）也說：「大馬士革駐軍黎巴嫩，乃欲置黎於其控制之下。」其弟，亦爲黎前總統阿明賈梅耶（Amin Jumayyil）亦同意阿塞德要兼併黎之說法。於今，敍利亞在黎巴嫩擁有實際控制權。譬如以色列曾謂：「貝卡山谷之事，卽使點根煙，亦須敍利亞同意。」一九八四年黎政客告訴華盛頓郵報記者：「黎眞正的政府在大馬士革。」⑩

歸納敍利亞在黎巴嫩之進展爲：否認黎巴嫩主權獨立、敍軍駐黎、拉攏黎基督敎政府、扶植什葉阿瑪爾民兵、督促黎恢復和平協商、迫黎片面廢除以黎撤軍協定，分述如下：

一、否認黎巴嫩主權獨立：黎巴嫩位於大敍利亞西部，前已述及，雖然在十六世紀時曾出現基督敎、回敎自治體，但未曾獨立。法委任統治期間，敍阿拉伯民族主義者不斷聲稱，擁有黎巴嫩主權，反對法一手創造的大黎巴嫩，認爲其毫無合法

性可言。敍一直將黎視爲敍領土之一部分，包括在其地圖中。二次大戰後，黎巴嫩獲得獨立，敍不但拒不承認，且認爲敍在黎擁有絕對優勢。至今敍未曾與黎建立外交關係，足以說明敍未改初衷，仍然否認黎主權獨立。一九七一年始，阿塞德卽以歷史理由否定黎合法性，對黎領土作不明確要求。譬如謂敍黎爲一個國家，黎爲一土地，而非單一國家，敍黎人民情如兄弟，存在特殊歷史關係等等 ⑩。

二、敍軍駐黎：一九七五年四月黎內戰爆發，黎政府軍崩潰，敍派遣二萬五千和平部隊長驅直入，駐紮貝卡山谷 (the Biqa Valley)，制止戰爭。一九七六年戰事再起，敍應邀抽調部分貝卡駐軍，進入貝魯特，以綠線 (Green Line) 分隔基回民兵，中止戰鬥。但因未解除各民兵武裝力量，不久，再度引發民兵衝突，及一九八二年以色列入侵黎南，剷除巴游事件。敍軍與以軍正面衝突，遭受重創，撤出貝城。一九八四年黎無力制止回教派系內鬥（阿瑪爾民兵取代遜尼民兵地位），一九八五年敍軍復返回貝城，維持混亂局勢。一九八七年二月西貝魯特戰事激烈，眞主黨 (Hizbullah)、德魯士攻擊阿瑪爾民兵，奪取控制權。敍派軍七千進入西貝魯特，嚇阻回教民兵戰鬥，關閉七十五處民兵辦公處，民兵撤離。一九八八年九月阿明賈梅耶任期屆滿，因國會對總統候選人發生爭執，總統難產，阿明賈梅耶卸任前，另組軍事內閣，以黎陸軍總司令歐恩將軍爲總理，與原內閣，敍支持之霍斯 (Salem al-Hoss) 總理相對立。一九八九年三月，歐恩下令封鎖港口，阻軍火流入民兵手中，貝城戰火重燃，敍軍也再度介入，一九九○年，擊潰歐恩基督教軍隊，結束長達十六年之黎內戰。但敍軍四萬仍

駐守黎境至今，並以以色列駐軍黎南爲由，拒自黎撤軍 ❿。

自一九七六年敘軍入黎後，敘有效控制黎大部分地區，包括黎巴嫩北部，南至利塔尼河（the Litani River）東邊之貝卡山區，且成功地在開羅召開的阿盟高峯會中，得到所有阿拉伯國家（伊拉克除外）的授權，於一九七六年六月十日建立以敘軍爲主之阿拉伯防衞軍（the Arab Deterrent Force）（另包括沙烏地阿拉伯、蘇丹、利比亞、聯合阿拉伯大公國、葉門志願軍），長年駐守黎境，一九七七年後，敘利亞已實際控制黎巴嫩 ⓼。

三、拉攏黎基督教政府： 拉攏黎基督教政府，爲敘控制黎政局方法之一。事實上，黎境基督徒、巴解、德魯士、什葉、敘社民黨及共黨成員，均是阿塞德運用的籌碼，亦卽敘在黎之代理人 ⓬。

前已述及，阿塞德一如敘前領導者，否認黎主權獨立，但在作法上，阿塞德較具彈性。其並不急於摧毀親西方的黎基督教政權，相反的，反而積極拉攏之，使爲已所用。阿塞德爲達此目的，先寧願捨棄與左派回教徒關係，拉攏衰弱保守基督教政權，主要原因有：(一)阿塞德具大戰略觀，認爲敘應保存黎領土完整，使整合於大敘戰略計畫中，成爲防衞以攻擊之工具，及延長敘在黎之影響力。(二)敘可藉此向西方，特別是美國，以及黎等阿拉伯國家人民證明，敘有能力恢復和穩定黎巴嫩秩序和政局，阿塞德曾說：「對我而言，這是一歷史機會，使馬龍朝向敘，尋求敘保護，而非法國或西方。」而敘確實也辦到了。誠如黎政治家拉克拉杜尼（Karim Raqraduni）所言：「在黎陷危機時，無人可建立如敘在黎所建立之和平。」⓭

阿塞德與皮爾買梅耶達成秘密協議，敍爲維持黎主權獨立，領土完整，提供黎軍、經援助，派軍至黎，幫助訓練黎軍，對抗以色列入侵。一九七六年二月，阿塞德與蘇里曼佛朗吉葉（Sulayman Franjiyya）提出憲法文件（Constitutional document），黎接受敍爲其堅強盟友（石樂三，1989:35）。(三)七〇年代初，阿塞德認爲基督教馬龍派（the Maronite Kataib）（卽歐洲人所稱之長槍黨（the Falange or Phalange））政府，較回教左派聯盟易於相處。因爲阿塞德與黎前總統蘇里曼佛朗吉葉相善（佛氏家族曾與阿塞德家族從黎北逃至卡達哈（Qardaha）爲難民。阿塞德之子里法特阿塞德（Rifat Assad）與佛氏之子東尼佛朗吉葉（Toni Franjiyya）爲好友。馬龍分成兩個勢力，皮爾佛朗吉葉以黎北兹戈塔（Zgharta）爲根據地，與以東貝魯特爲基地之皮爾買梅耶（Pierre Gemayel）爲世仇），阿塞德認爲與佛氏合作較順暢，且較有可能達到大敍利亞計畫。(四)回教激進分子倘摧毀基督教政權，則將造成基回嚴重分裂，使以色列更加介入黎局，幫助創立一如以色列般，基於宗教──基督教的親西方政權。(五)阿塞德憂心黎回教勢力得勢，因其領袖頗具號召力，譬如黎巴嫩若在德魯士領袖鍾布拉特（Kamal Junblatt），或黎國家運動（the Lebanese National Movement）領袖領導下，很可能脫離敍控制，或限制敍干預黎局，甚或加入伊拉克陣線，共同對抗敍利亞 ⑩。

　　四、扶植什葉阿瑪爾民兵: 七〇年代末，黎政府在以政府慫恿下，要求敍軍撤離，並決定收復爲敍佔領之貝魯特。敍遂征服黎北二地區以爲報復。一九八〇年馬龍長槍黨與敍發生猛

烈戰鬥，敍在一九八一年四月佔據貝卡山谷的薩赫里 (Zahle)，馬龍要求以色列提供空軍支援，以色列飛彈射下兩架敍空軍直昇機，導致敍亦違反敍以對黎戰略瞭解，動用地對空飛彈。此後，敍不再信任馬龍，轉而扶植親敍勢力——回教什葉派阿瑪爾 (the Shi'í Amal) 民兵，牽制馬龍。阿塞德與阿瑪爾領袖沙德爾 (Imam Musa al-Sadr) 建立密切關係，沙德爾瞭解阿拉威爲什葉支派一支，因之大力支持阿塞德，加強敍軍駐黎之合法性。阿塞德回報以提供良好裝備給親敍之黎各派民兵，如阿瑪爾、敍社民黨、佛朗吉葉民兵等 ⑮。

　　五、督促黎恢復和平協商: 在敍督促下，黎巴嫩在八〇年代召開多項和平協商會議，茲分述如下: (一)一九八三年十月卅一日黎前總統阿明賈梅耶召集黎九大派系在日內瓦召開第一回合「民族協商會議」(the National Reconciliation Conference)，目的在重組政府，修改憲法，改革政治制度，結束基回長期戰爭等。(二)一九八四年三月十二日阿明賈梅耶在洛桑 (Lausanne) 舉行第二回合民族協商會議，試圖結束內戰未果。(三)在敍支持下，阿明賈梅耶在一九八四年五月一日執行協商會議決議，形成首度基回均衡政府，內閣包括各五名基、回領袖，遜尼卡拉米 (Rashid Caramill) 爲總理 ⑯。(四)一九八五年十二月廿八日，阿塞德更促使黎巴嫩達成和平協定，此協定本由馬龍派基督徒長槍黨民兵領袖郝貝克 (Hobeika) 與什葉派阿瑪爾領袖貝利 (Nabil Berri)，德魯士社會進步黨領袖鍾布拉特聯署，結束黎基督徒長久以來在政治、軍事、司法各方面之特殊權力，但引起基督徒內訌，郝貝克被逐，阿明賈梅耶拒簽署，協定無效。(五)一九八七年三月初，敍在大馬

士革召開黎和平會議，阿明賈梅耶總統、卡拉米總理及其他回教領袖，一致同意敍提出黎政治改革方案，取消黎一九四三年獨立以來，馬龍基督教總統之政治特權，譬如總統提名總理之權，改由國會提名，廢止總統否決內閣會議決議案權力，國會議長任期由二年延長爲四年 ⑪。

六、迫黎片面廢除以黎撤軍協定： 一九八三年五月十七日，美前國務卿舒玆（Shultz）一手促成美幕後支持之以黎撤軍協定，然因排除敍參與，敍大表不滿，極力反對，一九八三年七月在敍支持下， 以黎巴嫩東北和北部爲敍勢力範圍， 結合鍾布拉特、 佛朗吉葉、 卡拉米等共組民族解放陣線（The National Salvation Front）， 目的在廢除以黎撤軍協定 ⑱。經阿塞德運作，阿明賈梅耶終屈服敍壓力，於一九八四年三月，片面廢除以黎撤軍協定，替之以敍贊助之改革和安全計畫，最後演變爲敍黎軍事條約。

第二節　在約旦之進展

由於歷史上，巴勒斯坦是據約旦河東西兩岸之地的南敍利亞，故敍利亞對巴勒斯坦權力主張，擴及約旦。阿塞德苦心經營與約旦之關係， 花費七年時間， 欲納約旦於大敍利亞戰略聯盟， 提出雙方聯盟之利爲：（一）軍事上： 約旦戰略地位重要，約旦軍隊可經由北約旦，向大馬士革作側翼包圍。同時約旦與敍利亞、以色列爲鄰，特別是與以色列有漫長邊界，且約旦軍爲阿拉伯世界訓練最精良軍隊， 敍約聯盟， 約旦可得敍

軍援對抗以色列攻擊或避免成為交戰國。約旦曾是敘擬議中之東線聯盟最重要成員之一。(二)政治上：敘利亞、約旦聯盟，約旦將可從敘利亞獲得支持，對抗巴解對西岸之主權要求。(三)經濟上：約旦可經由敘利亞至地中海出口，獲取經濟利益 ⑲。

　　但是約旦瞭解約旦與敘聯盟，勢將產生若干弊害，其一為：此一聯盟，必然降低約旦在主要阿拉伯國家間之彈性運作，甚至使約旦轉變成為敘保護國。其二為：約旦關切阿塞德喜與巴解聯盟，而巴解對瓦解哈希邁政權之努力不遺餘力，是約旦的敵人。其三為：胡筍憂慮與敘合作，將會使約旦更易遭受以色列軍事攻擊，迫其走向與以色列戰爭之途。更有甚者，或可能使以色列佔領約旦及巴勒斯坦 ⑳。故約旦對與敘聯盟甚為冷淡，極力尋找機會，掙脫敘霸權控制。

　　敘利亞對約旦的策略，可謂先禮後兵。七○年代初，敘利亞得與約旦維持良好關係，主要乃因阿塞德有恩於約旦所致。前已述及，阿塞德掌權前夕，為敘國防部長及空軍總指揮，阿塞德惟恐約旦與敘關係疏離，故在一九七○年九月約旦內戰時，拒為敘傑第德政府作空軍掩護，幫助約旦境內巴解反叛行動。約旦胡筍國王因之對阿塞德頗有好感，故兩國得以在一九七○年代維持短暫友好關係（雖然一九七一年七月，胡筍進一步鎮壓巴解，造成雙方關係中斷，但隨即在一九七三年十月戰爭前復合）。阿塞德在十月戰爭開戰前，力勸胡筍打開沿約旦河第三戰線對抗以，然因埃及大力反對，約旦遂改派二旅軍隊至戈蘭高地幫助敘利亞，敘甚感激。在十月戰爭後，兩國關係獲得增進 ㉑。

一九七四年十月拉巴特阿拉伯高峯會，阿塞德雖支持巴解爲巴勒斯坦唯一代表，但事後敍利亞向胡笙保證其未完全支持巴解對抗約旦，未完全譴責約旦要對內戰負責，同時避免公開反對約旦對西岸主權聲稱，或對其在東岸的主權，提出質疑。敍建議敍利亞、約旦、巴勒斯坦組成三邊邦聯，或至少協調三方行動，但因約旦、巴解彼此仇恨難解，而無所成。故阿塞德轉而尋求與約旦、巴解各別之軍、政聯盟 ⑫。

一九七四年達成敍利亞、約旦聯盟。一九七五年九月埃以簽隔軍協定後，敍爲對抗以提出與約旦關係正常化要求，一九七五年四月，阿塞德在大馬士革接見胡笙，兩國簽訂協定，建立共同軍事指揮。一九七五年六月阿塞德訪約旦，這是十八年來，敍元首首度訪問安曼，阿塞德呼籲同爲一民族、一國家之敍、約，應整合成一邦聯，阿塞德並表示欲在兩年時間內，促進兩國軍事協調和政治合作。約旦民眾歡呼阿塞德爲「十月之獅」('Asad Tishrin', the Lion of October)，約旦公開表示支持敍一九七六年介入黎之行動。阿塞德似乎成功的併入約旦於其戰略計畫之中，並導致一九七七年設計一長程計畫，創一邦聯在其統治之下，使包括敍利亞、黎巴嫩、約旦、西岸。一九七七年十二月，敍因沙達特造訪耶路撒冷，敍提議與利比亞、阿爾及利亞、南也門和巴解組成的黎波里集團 (the Tripolic Bloc)，胡笙不但拒絕加入，反而參加埃以協商，敍約關係開始惡化 ⑬。

阿塞德於是展開對約旦之施壓，譬如一九七八年中，派遣巴解民兵進入約旦對抗以。一九七八年敍與伊拉克簽（短暫）聯合協定，威脅約旦。而另一方面，一九七九年約旦爲對抗敍

壓力，允回敎兄弟會在敍境內操作反敍活動，一九八○年九月
兩伊戰爭爆發，約旦擺脫與敍聯合，支持伊拉克對抗伊朗，敍
約關係更加惡化，敍遂開始提出對約旦之領土要求。一九八○
年十二月，敍沿約旦河邊界佈署軍隊。一九八一年初，約旦武
官在貝魯特被綁架，約旦總理被陰謀暗殺未遂，約旦指控阿塞
德兄弟里法特（Rifat）策劃謀殺，約旦派軍至敍約邊界，欲
撲滅敍之大敍架構 ㉔。一九八一年三月，敍拒絕接受獨立約旦
存在之事實，敍國營報紙形容約旦爲人爲政體，由於約旦與殖
民帝國互通聲氣，致使帝國野心──分裂阿拉伯國家、民族、
利益，終於得逞，並且造成巴勒斯坦被佔領、以色列建國。阿
拉伯反動主義者──約旦，實罪魁禍首，難辭其咎 ㉕。

　　一九八一年初，敍再移師敍約邊境，開始發動推翻約旦王
室計畫，一九八一年四月，敍更支持約旦巴斯黨在約旦首府安
曼呼籲羣衆與敍合作之運動，阿塞德坦誠表示要消滅約旦。當
約旦與巴解在一九八二年十月展開談判後，敍更百般阻撓，並
於一九八五年末、一九八六年初，迫約旦捨棄一九八五年二月
十一日與巴解達成之邦聯協定，替之以敍約合作協定 ㉖。

第三節　在巴勒斯坦之進展

　　敍利亞對巴勒斯坦至爲關切，也爲其奉獻許多心力，目的
在使巴勒斯坦人得以自我防衞，最後並回歸敍利亞。故敍利亞
始終自視爲巴勒斯坦保護者，巴勒斯坦革命捍衞者，及巴勒斯坦
人之避難所，反對巴勒斯坦被入侵、被佔領，反對巴勒斯坦分離

運動，反對巴解對巴勒斯坦權力主張。一九八三年五月，敘利亞副總理及外交部長哈旦（Abd al-Halim Khaddam）說：「敘利亞人比任何其他國家阿拉伯人，更具有巴勒斯坦人色彩。」❷敘總統阿塞德亦不只一次告訴阿拉法特：「其實我們比你更能代表巴勒斯坦。」在許多場合中，阿塞德強調巴勒斯坦是敘利亞領土不可分割的一部分。解放巴勒斯坦是阿拉伯世界最重要的問題，同時也是敘利亞本身的問題，甚至比戈蘭高地問題還重要。換言之，在敘利亞眼中看來，巴勒斯坦與戈蘭高地同為敘利亞失土，由於巴勒斯坦範圍更大、更具戰略價值，故在敘利亞心目中的地位更甚於戈蘭高地。敘利亞將永遠支持巴勒斯坦，關心巴勒斯坦問題。無敘利亞之參與，巴勒斯坦問題斷不能片面獲致決議，因其非巴勒斯坦、以色列間之糾紛，而係敘利亞與以色列之衝突，如敘拒絕與以妥協，接受一部分戈蘭高地，實為了整個巴勒斯坦前途著想❷。

敘利亞關切巴勒斯坦問題之緣故，主要有二原因，第一、歷史的理由：巴勒斯坦本為大敘利亞一部分，一九一九年，西方帝國主義任意宰制阿拉伯人命運，將大敘利亞分裂為今日之敘利亞、黎巴嫩、約旦、巴勒斯坦，故巴勒斯坦實為南敘利亞。第二、巴解要求巴勒斯坦主權：阿塞德本早已不喜阿拉法特，緣因一九六六年，阿塞德為敘國防部長時，阿拉法特為法塔（Al-Fatah）主要領袖之一，當時發生敘情報員烏拉比（Yusuf Urabi）遭巴解成員殺害事件，阿塞德懷疑法塔內部潛伏埃及情報員，遂逮捕阿拉法特等法塔主要領袖，將其監禁月餘。如今阿拉法特強力主張獨立建國於西岸、迦薩，更加深阿塞德之不滿，懷疑阿拉法特領導能力，認為阿拉法特實為叛

徒，為美國工具，難以成為巴勒斯坦革命領袖。認為巴解在阿拉法特領導下，散漫無組織，缺乏戰略觀，決策草率魯莽，無策略可言，阿拉法特鼓吹巴勒斯坦分離主義，無論對西岸或整個巴勒斯坦權力主張，只代表阿拉法特個人己見，不足以代表所有巴勒斯坦人利益❷。

　　阿塞德對於阿拉法特在一九六九年成為巴解主席後，極力主張對巴勒斯坦主權，極為不滿，譬如：巴解常公開談到約旦是未來巴勒斯坦國之一部分。特別在一九七四年，阿盟剝奪約旦對西岸主權要求之後，一九七四年六月，巴勒斯坦國民會議(Palestine National Council)要求成立約旦、巴勒斯坦民族陣線(Jordanian-Palestinian National Front)，目的要在約旦建立一民主政府。同年，阿拉法特曾在文章中談到：「約旦是我們的，巴勒斯坦是我們的，我們必須從錫安主義者（以色列）和反動叛徒（約旦胡笙）手中，解放整個巴勒斯坦，並在其上建立我們的家園。政論家沙克尼尼('Isam Sakhnini)在巴解出版的雜誌上亦談到：「約旦政權必須推翻,成立革命政體……巴勒斯坦、約旦聯合，是建立祖國的基礎，亦是邁向大巴勒斯坦之第一步。」一九七七年三月,卡杜米(Faruq Qaddumi)表示，巴解認為約旦、巴勒斯坦人同為一民族。巴解領袖之一穆辛（Zuhayr　Muhsin）亦宣佈：一旦我們得到巴勒斯坦，我們絕不延遲使約旦和巴勒斯坦重新統一。一九七八年十一月阿拉法特說：「敘利亞謂巴勒斯坦是敘利亞南部，而我認為敘利亞是北巴勒斯坦。」❸

　　敘利亞以下列數種方法控制巴勒斯坦，並獲致某種程度的效果，使泛敘利亞主義在巴勒斯坦亦有所斬獲。

一、支助法塔：吾人皆知巴解、法塔原係巴勒斯坦二分離組織，前者在一九六四年成立於耶路撒冷，由埃及支助。後者係巴勒斯坦解放運動 (Palestine Liberation Movement, 阿文稱 Fath（勝利、征服之意），亦為「費達揚」(Fedayen)（犧牲、突擊隊之意)) 之一，成立於一九六二年，一九六九年加入巴解組織，領袖阿拉法特該年被選為巴解主席。六〇年代，敍提供法塔大量軍援，敍境內設有二法塔訓練基地，敍更幫助法塔從中共經阿爾及利亞獲得武器 ⑬。

二、打擊反敍之阿拉法特巴解派系：阿塞德否定阿拉法特領導巴解能力，前已述及，早在一九七〇年九月約旦內戰發生，阿塞德時為敍國防部長、空軍總司令，卽置巴解於不顧，拒絕派軍掩護救援巴解敍軍，導致巴解人員大量傷亡。一九七六年敍軍入黎，一九八一年黑色六月行動，均在打擊阿拉法特地位，欲置巴解於敍控制之下。一九八二年以入侵黎南，摧毀巴游基地，阿塞德坐視氣若游絲的巴解，慘遭二個月餘困獸之鬥，聯合國估計至少四萬七千人失去家園，死傷無法估計 ⑭。

三、分裂法塔，控制親敍巴解派系：一九八三年五月，敍利亞趁巴解被以色列痛擊之際，製造法塔分裂，迫親阿拉法特派系繳械，撤出黎北最後基地，並且主宰反阿拉法特派系，使其在一九八五年形成以大馬士革為基地之巴勒斯坦解放陣線 (Palestinian National Salvation Front, PNSF)，其與另一親敍組織吉布爾 (Ahmad Jibril) 領導之解放巴勒斯坦人民陣線 (the Popular Front for the Liberation for the Palestine-PFLP) 及貝魯特什葉部隊，一致攻擊親阿拉法特

分子。尼達爾（Abu Nidal）領導之巴勒斯坦解放陣線，更暗
殺許多阿拉法特派駐在歐洲或西岸之人員或親信，包括布魯塞
爾的哈迪爾（Na'im Khadir），羅馬之夏拉爾（Majid Sharar），
里斯本之沙塔威（'Isam　Sartawi）、前希伯隆（Hebron）市
長及巴解執委會（the PLO Executive Committee）委員卡
瓦斯梅（Fahd al-Qawasma）等 [133]。

　　四、成立迅雷（As-Saiqa）： 敘利亞在一九六七年成立迅
雷組織，不但將巴斯黨組織滲入迅雷，使其成為巴解之外第二
大組織，而且還在一九七六年改組迅雷，敘提供迅雷所需之經
費、裝備，並由巴斯直接控制，使成為敘利亞控制巴解、黎巴
嫩之工具。迅雷百分之五十的成員及百分之七十五之官員為敘
人，其他成員亦為在敘成長的巴勒斯坦人。敘軍教官負責指導
迅雷游擊戰術、暗語、暗號等。阿塞德多次欲以迅雷首腦：摩
辛（Zuheir Mohsin）取代阿拉法特為巴解領袖 [134]。

　　五、偶有與巴解短暫戰略結盟： 特別在七〇年代，敘利亞
基於戰略考慮，認為巴解對敘不失為一潛在可利用資源，故亦
時有摒棄雙方領袖個人嫌隙，與巴解和解，作短暫戰略性結盟。
因之，常予人兩者關係撲朔迷離、矛盾複雜之感，譬如一九七
五年黎內戰爆發，阿塞德與黎基督教政府合作，對抗巴解及左
派回教聯盟。但其後又補助巴解，提供訓練基地、情報、武
器、政治支持、外交宣傳等。一九七六年初黎攻擊貝魯特巴勒
斯坦難民營，巴解、德魯士聯手對抗，阿塞德亦派遣由其控制
之巴勒斯坦解放軍（Palerstinian Libeation Army, PLA）救
援之。基本上，敘為控制巴勒斯坦，必先控制為巴勒斯坦人支
持、擁戴之巴解及其領袖，方能得逞。故敘一方面努力證明其

爲巴解活動主力，爲其決定何者爲其利益，另一方面則極力削弱巴解，使聽命於敘，倘或不從（如巴解堅持獨立，或對以探務實態度），則嚴厲批評，限制其活動。

歸納敘與巴解戰略結盟之理由：(一)敘需要巴解成爲敘在黎南代理人，多年來，敘爲以所阻，不能在黎南扮演重要角色。自一九七八年三月十五日以藉口巴游在以北突擊，造成傷亡爲由，揮軍入黎，其後雖在聯合國多國和平部隊（UNIFIL）監督下撤軍，但卻訓練裝備黎逃兵哈達德少校（Major Haddad）（已故）控制黎南迄今，敘利用與巴解聯盟，對抗以在黎南支持之南黎巴嫩軍。(二)對抗以入侵黎南：一九七七年末，以右翼自由黨集團（Likud Bloc）掌權，敘認其頗具侵略性（果然在一九七八年、一九八二年兩度入侵黎南），故必須加強與巴解合作，對抗之。(三)對抗黎以聯盟：七〇年代末，黎基督徒在比金（Menachem Begin）鼓勵下，開始與以合作，以逐漸增加對馬龍民兵軍事支持，故敘亦加強與巴解合作關係對抗之。(四)對抗埃以關係正常化，埃以在一九七九年簽訂和平條約，敘認爲係美以計謀，將阿拉伯最大軍事強國：埃及，從阿拉伯陣營中分化出來，使敘直接面對以攻擊，故敘、巴解聯盟可用以對抗埃以合作 ⑱。

總而言之，一九七五年迄今，阿塞德欲整合黎巴嫩、約旦、巴勒斯坦於其大敘利亞戰略計畫之野心，頗有進展，特別在黎巴嫩，敘利亞幾乎已完全操縱黎巴嫩於股掌之間。至於約旦、巴勒斯坦，反對敘利亞介入之聲浪雖然不弱，但是也有一股強大親敘力量存在，一旦目前之當權者，約旦胡笙國王及巴解主席阿拉法特失勢，兩地勢將發生嚴重動亂，特別是約旦王

國政體勢將受到嚴重威脅，可能被推翻，作根本之改變。據
悉，有人預測屆時約旦將四分五裂，一如今日之黎巴嫩。

第 九 章
阿塞德大敍利亞計畫之策略

　　阿塞德爲達大敍利亞計畫目標，可謂無所不用其極，施展雙面策略，縱橫捭闔，展現高度政治技巧，吾人將之分爲國內、國際兩方面探討。

第一節　國內策略

　　首先就國內而言,其主要策略爲：合法化政權、拉攏遜尼、控制巴斯黨、軍隊、安全情報系統，並且結合巴斯黨、敍社民黨意識型態。分述如下：

　　一、政權合法化：七〇年阿塞德上臺，是歷史上敍利亞首度出現少數族羣掌控之局面。泛敍利亞主義適合敍利亞少數族羣願望，故阿塞德接掌政權後，首要工作，卽如何使阿拉威人掌理之政權得到合法地位，以利泛敍利亞主義之推行。前已述及，阿塞德是阿拉威人，中東阿拉威人主要居住在敍利亞境內（總數約一百三十萬人，其中一百萬居住敍境，佔敍利亞人口百分之十二，敍境阿拉威人的四分之三，住在敍西北省分：拉塔基亞，佔當地人口三分之二）。阿拉威之稱呼，乃阿拉威人自稱，本名實爲努色里斯或安色里斯（Ansaris）。自古以來，

阿拉威人飽受歧視，歸納其原因為：(一)阿拉威教義獨特：西元八五九年有一什葉重要人物努色里（Ibn Nusayr），自稱「真理之門」(the bab (gateway) to truth)，頒佈許多新教條，使阿拉威主義（Alawism）成為獨特宗教，其反對伊斯蘭主要教義，但卻採擷許多腓尼基異教主義（Phoenician Paganism, Mazdakism Manicheanism），使其與基督教教義頗多雷同之處。故許多人（包括阿拉伯的勞倫斯在內）均懷疑阿拉威人為秘密基督教派 ㊱。(二)偽裝成什葉的一支：遜尼和有些什葉認為阿拉威是異端，否定其為什葉十二支系，因其常伺機殺害回教徒，較土耳其、法國行徑尤為惡劣，是回教徒最壞敵人，地位尚不及基督徒、猶太人。(三)阿拉威曾與法國合作，欲獨立建國，阿拉威為逃避遜尼鄙視、迫害，或躲入鄉間自我孤立，或與法連結，欲擺脫遜尼統治，自成一國。其為敍少數族羣中最親西方者，特別在十九世紀末，眼見馬龍與法發展特殊關係，得利甚多，亦心嚮往之。故極親法，支持法統治，反對費蘇爾統治敍利亞王國，詛咒伊斯蘭，祈求鄂圖曼帝國早日滅亡及遜尼遭受報應。對阿以衝突毫無興趣，對遜尼主張之泛阿拉伯主義尤其冷淡，較喜泛敍利亞主義 ㊲。

　　一九七〇年阿拉威人阿塞德掌權後，結束一九四六年敍利亞獨立以來遜尼主控敍政治之局面，幾百年來保守富裕遜尼大權獨攬，歧視少數民族之政經社結構全面瓦解。一九七一年阿塞德開始政權合法化步驟，首先恢復憲政議會立法體制（Parliamentarian），在一九七一年二月十六日下令要求設立一百七十三席人民委員會，其中八十五席保留給巴斯黨代表，其餘一半保留給其他進步分子。巴斯黨提名且正式任命阿塞德

為敘總統，議會加以認可，全國公民投票贊同之。一九七一年五月召開第五屆巴斯區域會議 (the Fifth Baath Regional Conference)，正式合法化以上之改變，並選舉阿塞德為巴斯全國及區域指揮總書記，八月末，政黨權力移轉過程正式完成。一九七二年三月七日，全國陣線 (the National Front) 成立，為敘最高權力機構。除巴斯（主要主宰力量）外，尚包括其他四個組織：阿拉伯社會主義聯合 (the Arab Socialist Union)、社會主義者聯合 (the Socialist Unionists)、阿拉伯社會主義者運動 (the Arab Socialist Movement)、共產黨 (the Communist Party)，有十八成員（即阿塞德總統、九巴斯成員、四黨各二名成員），並且恢復「統治法」(the rule of law)，開創敘前所未見穩定控制局面。除此外，還任命專家草擬新憲法，付諸全民投票表決，一九七二年三月十三日正式宣佈，於一九七二年五月廿五日選舉人民委員會，此為敘自一九六一年以來，第一次舉行之選舉 ❽。

　　二、拉攏遜尼：七〇年阿塞德掌權，阿拉威人地位逐漸竄升，傳統佔優勢的遜尼屈居劣勢。阿塞德瞭解遜尼傾向泛阿拉伯主義，不喜泛敘利亞主義，阿拉威人不可能在違背過半數敘人口（遜尼）意願下，長期執政，故除了有限度改善阿拉威人過去不公平待遇及促進地區繁榮（譬如給予阿拉威人較好工作機會，在拉塔基亞建設鐵公路、港口、機場、工廠、灌溉設施，成立敘第三所大學於拉塔基亞等）外，並未利用特權對數百年來阿拉威人所遭受之歧視，進行報復。相反的，阿塞德反而積極拉攏遜尼，向其表示善意，邀請遜尼參政，讓遜尼有更多代表，解除遜尼在宗教、經濟等方面之壓力。放鬆商業限制，擴

大民間企業，減少對地主之壓迫，減少軍隊政治性。對回教兄弟會友善，鼓勵其發展組織，容許其在拉塔基亞成立軍事訓練營等 ⑱。阿塞德更放棄遜尼厭惡之社會主義政策和宣傳，鼓勵流亡海外者（包括工商、學者、科學家、政治人物）回國效力。當新憲因未談及伊斯蘭，引發霍姆斯、哈馬宗教示威時，阿塞德坦然接受總統必須為回教徒之條件（但未接受敘應為回教國家）⑭，阿塞德更任命三聲望極高的遜尼回教徒：哈旦、希哈必（Hikmat Shihabi）、傑米爾（Jamil）為內閣重要閣員（依序為外交部長，現升任副總統，幕僚長，副國防部長兼空軍總司令）⑭。同時還拔擢來自鄉村、小城之低層遜尼至中、高階級，其均感激涕零，對阿塞德忠貞不二。

　　三、控制巴斯黨： 阿塞德瞭解，黨、軍、情報單位，不但為阿塞德獨裁政權權力基礎，同時亦為政策推動之工具，故黨、軍、情報單位的控制，對阿塞德極為重要。

　　敘利亞巴斯黨在一九六一年阿聯崩潰後重振旗鼓，獲得新生。貢獻最力者當為少數族羣，許多少數族羣在當時加入巴斯黨，並且控制之（有些遜尼因不滿敘當局驟然於一九五八年解散政黨，故紛紛退出巴斯黨抗議），其一向不喜泛阿拉伯主義，經歷四年敘埃合併經驗，更深刻體會泛阿拉伯一統之害（如阿聯使敘境遜尼人口劇增，少數族羣更受排斥，敘內閣無少數族羣席次，少數族羣不得進入黎境工作等），少數族羣遂轉變巴斯黨體質，使迎合少數族羣利益，強調敘本身重要性。當巴斯黨吸收更多少數族羣加入，遜尼就愈發疏遠之，最後巴斯黨終成少數人信仰之政黨。特別在一九六三年左翼巴斯黨掌權，從泛阿拉伯主義轉向，導致巴斯黨分裂。一九六六年政

變，敍利亞、伊拉克巴斯黨分裂，及一九六八年巴斯黨二度分裂，軍事巴斯黨掌權後，新巴斯黨與五〇年代巴斯黨已截然不同⑭。

　　阿塞德上臺後，如何控制巴斯黨，使成為泛敍利亞區域政策之工具，吾人可將之歸類為：(一)憑藉個人與巴斯黨之深厚淵源：阿塞德有悠久黨齡，早在一九四〇年代，阿塞德十六歲時，卽加入拉塔基亞之巴斯黨，並且由黨而軍而政，不斷為自己造勢。一九六三年三月巴斯黨政變後，阿塞德獲得黨部官職，此後一路遷升，先為巴斯黨區域指揮（the Ba'th Party Regional Command），一九六五年末終於成為巴斯黨全國指揮 (the Ba'th National Command)。一九六六年巴斯黨政變後，阿塞德開始向軍隊發展勢力,鞏固權力基礎,但另一方面仍舊掌握黨部職位,最後結合黨、軍力量,發動政變，推翻敍黨政領袖(如 Jadid, Atasi, Zu'ayyin Umran, Makhus, 巴斯黨共同創立者: Aflaq, Bitar, 及一九六三至一九六六年敍巴斯黨領導者: Amin al-Hafiz)。在阿塞德被選為總統之前,先獲選巴斯黨全國及區域指揮總書記，立卽逮捕許多逃往伊拉克之前敍利亞巴斯黨成員入獄或放逐之（其自認係眞正巴斯黨員）。暗殺前巴斯黨領袖,如一九七二年 Umran 在黎巴嫩被刺,一九八〇年畢塔爾在巴黎被暗殺。(二)鼓勵阿拉威加入巴斯黨並主控之: 阿拉威人因受遜尼長期迫害，貧窮落後，對於巴斯黨主張之泛阿拉伯主義雖未苟同，但對其他主張，如社會主義、世俗主義教條卻頗感興趣。因社會主義可使國家照顧貧窮落後地區，促進經濟發展，世俗主義可使公共生活與宗教分離，使阿拉威免受歧視，故吸引大批貧苦農村阿拉威年輕人加入巴斯黨

（敍社民黨亦具備上述吸引少數族羣敎條，但因一九五五年爲巴斯黨消滅，巴斯黨成爲敍唯一主導政黨）。前已述及，一九六三年至一九七〇年期間，發生兩次巴斯黨政變及阿塞德政變，阿拉威人逐集中力量，掌握巴斯黨內部權力，阿塞德亦不次拔擢忠心耿耿的阿拉威低層成員至高層職位，鞏固阿拉威人在巴斯黨之權力基礎，因此吸引衆多阿拉威人入黨，聲勢愈發壯大。此外，阿塞德更使巴斯黨由意識型態政黨，轉變爲族羣聯合之政黨，很多阿拉威高級黨工，將家庭、族羣、鄉親、相同宗敎信仰，列爲入黨優先考慮之因素。(三)阿塞德將巴斯黨轉化爲勞苦大衆(toiling masses)政黨，強調其爲平民、農、工政黨。阿塞德謂一九八〇年，巴斯黨擁有五十五萬成員(其他資料顯示一九八二年有三十萬成員)，約有十萬名幹部。阿塞德掌權後，不但少數民族（如阿拉威、德魯士、伊斯馬利大量湧入巴斯黨爲黨員，許多遜尼農人也加入巴斯黨，阿塞德對其照顯，無微不至（如土地改革、鄉村電化、現代化耕作技術），都市工人福利同樣受重視（如改善工作環境，縮短工作時數，提供醫療服務)。以致低收入之薪水階級、學校敎師、知識分子，均爲阿塞德喝采，感激其德政 ⑩。

　　四、控制軍隊：多年來，軍隊是敍利亞政府權力泉源，時常介入政變或反政變，對阿塞德來說，軍隊的控制，尤其重要，因其爲少數族羣領袖，軍隊的忠貞，對政權穩定，政策推行均大有影響。

　　阿塞德控制軍隊的方法，亦依恃阿拉威人主控軍隊。阿拉威人在軍中，雖然一直居於多數，但初時並未佔據重要位置，故無法掌控（遜尼軍官控制最高指揮權，少數族羣無超過連長

者)。阿拉威人從軍者衆，主要原因爲：(一)從軍爲謀生出路：前已述及，阿拉威人爲少數族羣，經年遭受遜尼迫害，躲避鄉間，自我孤立，無法接受良好敎育，缺乏技能，生活困苦，許多年輕阿拉威人漸覺從軍不失爲改善生活，追求地位、權勢之途，故從軍進入「霍姆斯軍事學校」(the Homs military academy) 成爲阿拉威少年的夢想。(二) 法國鼓勵：前已述及，阿拉威是回敎中獨特之一支派，竭力保存特性，以免爲遜尼控制，法國利用其恐懼感，提供援助拉攏之，鼓勵其特殊化，用以制衡難纏之遜尼。(三)遜尼短視：遜尼生活富裕，故鄙視軍人，不願從軍，且眼光短淺，忽視軍隊是國家政策工具，以爲掌握最高指揮職位，卽安全無虞。(四)遜尼內鬥：一九四六年至一九六三年爲遜尼主政時期，遜尼高級將領常激烈鬥爭，自相殘殺。特別在一九六五年至一九七一年間，敍政治動盪不安，許多遜尼軍官慘遭整肅，或退休、或免職、或更換至不重要職位，甚或被判處死刑，遜尼在軍中之勢力愈趨薄弱 ⓭。

　　阿拉威人趁勢而起，以族羣身分大量加入軍隊，許多人並攀升至高位。阿拉威人特別團結，一旦有人高升，必提拔同族羣，故阿拉威人在軍中愈來愈繁榮壯大。一九七〇年阿塞德掌權後，阿拉威人在每一軍事組織中均居多數，阿拉威人在軍官團，佔百分之六十 (遜尼僅佔百分之二十)。其中百分之五十，掌控重要戰鬥單位(如坦克、砲兵、海空軍指揮職位)，阿塞德同族羣，如親戚、兒子、兄弟、堂表兄弟，均居要職。遜尼亦常有抱怨 (如指責敍當局未力促釋放敍以戰爭中被俘之敍軍 (大部分爲遜尼)，阿拉威同僚竄升快速，遜尼佔敍人口百分之七十，卻無法掌握軍隊等)，但這些抱怨，反促使阿塞德更加依賴阿拉

威人，使其主控軍隊 ⑭。

五、控制安全情報系統： 阿塞德以安全情報系統保護其自身及家屬、政府機構之安全，用以打擊政敵，並且作爲執行區域政策之工具。阿塞德喜以同部族、同鄉之阿拉威人任職安全情報系統，特別是掌管安全情報系統的核心將領，更非其莫屬。譬如阿塞德二萬精壯特別部隊指揮哈達爾 (General Ali Haydar) 將軍，來自阿塞德同部族，禁衞軍指揮卡達哈 (Qardaha) 雖非同部族， 卻來自同村莊 。 保護大馬士革地區安全之防衞隊， 由阿塞德近親， 二表兄弟亞德南阿塞德 (Colonels Adnan Asad) 、穆罕默德阿塞德 (Muhammad Asad) 負責指揮。阿塞德表弟馬可洛夫 (Adnan Makhluf) 則指揮精壯共和衞隊，負責保衞總統住家安全。阿塞德最年輕兄弟傑米爾 (Jamil) 掌握良好訓練之阿拉威四千部隊，保護拉塔基亞阿拉威社區安全。傑米爾之子發瓦茲阿塞德 (Fawwaz Asad) 掌管拉塔基亞情報事務， 約瑟夫阿塞德 (Yusuf Asad) 和穆罕默德阿塞德負責指揮哈馬和阿勒坡（爲遜尼回敎徒反阿塞德之二主要中心）防衞隊，另一親戚卡南 (Colonel Ghazi Kanan) 負責敍在黎軍事情報搜集。總之，阿塞德安全和情報系統中約一打組織是阿拉威人和其家庭成員所操縱，其中半打安全情報組織，是從事對阿塞德政敵和反對者之監視，其與六或七成裝備精良之軍事單位，對阿塞德個人、住宅、別墅、政府機構，形成良好保護 ⑭。

六、結合巴斯黨、敍社民黨意識型態： 巴斯黨與敍社民黨意識型態日趨接近始於一九六一年末，並於八〇年代結合。敍社民黨領袖馬哈里 (Ihsan Mahayri) 一九八四年說：「阿塞

德政權是民族主義的，此政權與本黨意識型態並無二致。」二黨意識型態結合之原因為：(一)巴斯黨、敍社民黨當時均面臨重大挫折，巴斯黨在一九六一年九月阿聯解體後，不再為納瑟信任。敍社民黨在一九五八年敍埃合併後轉移敍陣地，在黎發展勢力，與民族主義分子携手對抗泛阿拉伯力量。一九六一年十二月，敍社民黨推翻黎政府之企圖宣告失敗，故迫使兩黨惺惺相惜，嘗試採用對方意識型態，以為變通。巴斯黨放棄泛阿拉伯計畫，默默吸收泛敍利亞主義原則，藉以擋開泛阿拉伯主義，特別在一重要敍社民黨成員加入巴斯黨後，巴斯黨儼然已成新巴斯黨，而敍社民黨亦不排斥巴斯黨教條，因此亦有了新貌。(二)阿塞德上臺後不再強調社會主義，新巴斯黨遂與敍社民黨幾乎無所區別。(三)阿塞德妻子安尼沙（Anisa）之家族（The Makhlufs）有長久介入敍社民黨歷史，其妻親戚：哈爾（ImadMuhammad Khayr Bey），直到一九八〇年過世，均位居敍社民黨高官。傳說安尼沙同情敍社民黨，因之影響阿塞德與敍社民黨合作，並對大敍利亞計畫發生好感 [147]。

　　敍社民黨一向主張泛敍利亞主義，對敍重新採用泛敍利亞主義興奮不已，其領導階層盛讚敍為同胞手足，認為阿塞德真心為大敍努力，反君主專制，反西方 [148]。總而言之，七〇年代以後，阿塞德史無前例地使巴斯黨、敍社民黨意識型態結合，敍社民黨維持原來教條，但採取泛阿拉伯主義，掩蓋真正訴求，而巴斯黨則採取敍社民黨同性質立場，但是卻假裝維持原來泛阿拉伯意識型態，敍社民黨員談話有如巴斯黨員，巴斯黨員行動一如敍社民黨 [149]，二者發現在泛阿拉伯主義說詞掩飾下，尋求泛敍利亞主義目標，互惠互利、相輔相成。

第二節　國際策略

次就國際策略而言，主要有：達成與以色列戰略平衡、與
美外交妥協、與前蘇聯戰略聯盟、與伊朗聯盟、借助恐怖主義
活動等，分述如下：

一、達成與以色列戰略平衡 (al-tawazun al-istratiji)：
阿塞德花費鉅額軍費（一九七○年十一月阿塞德上臺數星期，
卽公開宣稱百分之七十一國家新預算是軍費，之後幾年，軍事
開銷均超過全年預算之半，爲全世界軍事預算最高國家），系
統地擴建敍軍，使敍成爲中東軍事大國，達成與以色列軍力平
衡，主要目的在於防衞國家內外安全，擁有政治解決戈蘭高地
之籌碼 ⑯，阻止大以色列之野心，及作爲執行區域政策的有力
後盾，詳述之。

（一）防衞家園：阿塞德曾說：「加強軍力是爲了防衞家園，
對抗以色列，因其由帝國主義資助許多武器，至今仍佔據阿拉
伯人土地。」四次以阿戰爭（一九四八、一九五六、一九六
七、一九七三）之失敗，深深傷害阿拉伯人自尊,特別是一九六
七年第三次以阿戰爭,敍失去戈蘭高地,阿塞德時任國防部長,
竟無法捍衞疆土，自視爲奇恥大辱。於是當埃及背叛敍利亞，
與以妥協時，敍利亞遂發展出與以戰略平衡觀念。一九七四年，
拉巴特高峯會，此一觀念第一次被提到，阿塞德說：「和平不
可能在強者與弱者之間建立。」⑯換言之，爲對抗以優越軍力，
和來自美、埃及等之外交壓力，敍欲尋求失土合理解決，必須

先行達成與以戰略平衡，壯大聲勢。

　　(二)阻止大以色列野心：前已述及，阿塞德認為巴勒斯坦為南敍利亞，多年來均無法容忍以在巴勒斯坦立國之事實，更遑論以色列追求大以色列之野心。敍利亞認為以色列早有擴張企圖，卽欲建立自尼羅河至幼發拉底河之大以色列國。敍利亞認為以色列不但要敍利亞，而且要整個阿拉伯家園，以要約旦，因其為巴勒斯坦之一部分，巴勒斯坦是上帝允諾給以色列的土地，以要伊拉克，因上帝允諾以色列土地，係從尼羅河至幼發拉底河，以要阿拉伯半島，因早在回教和基督教之前，猶太人已在當地生長，除此而外，以還要埃及、黎巴嫩、蘇丹等。阿塞德不能坐視以色列肆無忌憚的擴張野心 [52]。

　　(三)執行大敍利亞區域政策：敍利亞需要強大軍力，執行大敍計畫，改變現存疆界。敍利亞四週強鄰環伺，譬如東邊有伊拉克與其競爭區域霸權（一九七九年伊拉克胡辛（Saddam Hussein）上臺，暴露領導阿拉伯國家野心，一九八〇年，並發動兩伊戰爭），且多次企圖推翻其政權。在北方，有土耳其在一九三九年奪取敍亞歷山大勒達省，對阿塞德政權構成潛在威脅。黎親西方，反對敍激進社會主義及反西方政策。敍東南之約旦，亦時常掣肘敍大敍野心。兩伊戰爭爆發後，約旦且擺脫敍，與伊拉克緊密合作。故敍利亞增強軍力，旨在儲備雄厚國力，以備來日施展抱負之需。

　　據載，一九七七年，敍利亞約有廿三萬正規軍，一九八二年已達卅五萬，一九八六年更高達五十萬（其他資料顯示敍有卅五萬正規軍及四十五萬後備軍人），設有十分區，其中五個裝備約四千二百輛坦克，包括一千輛現代 T-72s 型。敍空軍

居阿拉伯國家空軍之首，裝備超過六百架飛機，其中包括先進蘇製 MIG-29s 戰鬥機，此外尚有一六○AA大砲，包括 SA-5 長程飛彈，最近敍又獲得陸對海飛彈（三百公里射程）及非常準確之 SS-23 地對地飛彈（射程五百公里），藉以補充 SS-21s、短程及較不精確之 SCUD、FROG 飛彈❸。

總之，一九八六年敍軍力雖然品質上仍不及以，但數量大致與以色列相等，使以色列不敢輕敵，其他各國亦刮目相看，當時敍外交部長哈旦卽曾誇口，以色列膽敢挑釁，必將造成重大損失，同時敍亦有能力，以突擊行動，收復戈蘭高地❹。

二、與美外交妥協：阿塞德善於利用各國相互矛盾的利益，在其間縱橫捭闔，運籌帷幄，有利泛敍目標達成。阿塞德一方面尖銳批評美，一方面又尋求美支持。主要目的有三，其一為利用美影響力施壓以色列撤出戈蘭高地。一九七四年美確曾助敍收復部分失土，如一九六七年為以色列所佔領之賀蒙山 (Hermon Mount) 及一九七三年為以佔領之 Auneitra 城。其二為利用美制衡前蘇聯，敍以促進美在中東利益為餌，表現出非一昧順從前蘇聯意志，使尼克森 (Nixon)、卡特對其印象深刻，讚譽有加，並成密友。美深信敍美妥協，可減少前蘇聯對敍之影響力。敍更以增進與美合作關係，威脅前蘇聯，使左右逢源，予取予求。其三，使美支持敍在黎之政策，敍拉攏美，除了在一九七四年六月恢復一九六七年中斷之敍美外交關係（其後因敍介入恐怖活動，一九八三年斷交，至一九八七年恢復），獲得美經援，更重要的，乃是獲得美贊同敍介入黎內戰之政策。敍要求美幫助，阻止以軍事介入黎對抗敍，最初美未表贊同，但其後默許之。美同意敍觀點，認為敍為此地區唯

一能阻止黎內戰發生，且能實現建設性和平，解決黎問題之國家。美支持一九七六年二月敍主導之黎憲法文件，認爲敍美妥協，可阻止黎境親伊朗勢力建立伊斯蘭共和國，破壞此地區之安定 ❺。

　　三、與前蘇聯戰略聯盟：敍與前蘇聯關係基本上有心結，因爲前蘇聯不滿敍未與其諮商卽入侵黎，前蘇聯要求阿塞德從黎撤軍，停止攻擊巴解與黎左派聯盟，敍均置之不理。但因與前蘇聯結盟，可獲前蘇聯軍經援助（一九八〇年十月敍、前蘇聯簽訂友好合作條約，前蘇聯派遣六千軍事顧問至敍，一九八三年起提供新型精密武器，總值廿五億美元）❺，並且威脅以不敢入侵敍，對抗美以一九八一年戰略合作協定等利益，故敍利用前蘇聯想利用敍介入中東事務的心理，與前蘇聯在一限制基礎上，發展戰略聯盟關係 ❺。

　　四、與伊朗聯盟：一九八〇年伊拉克發動戰爭入侵伊朗後，阿塞德卽與何梅尼 (Khomaini)（已故）發展聯盟關係。敍從敍伊朗聯盟獲益匪淺，譬如：(一)敍與伊朗聯手制止伊拉克在肥腴月灣發展霸權之野心。自從一九七九年胡辛自命伊拉克總統後，立卽暴露向外擴張野心，其不但整軍經武，發展軍力成中東軍事大國，並引發兩伊戰爭，與敍競爭巴斯領導權，反對敍軍入黎等等。敍認爲制衡伊拉克軍力，制止其向大敍地區發展勢力，最好的方法，莫過於與伊拉克傳統死敵伊朗合作。(二)提高敍國際聲望：西方及溫和阿拉伯國家如沙烏地阿拉伯、波灣五小國等均恐懼伊朗輸出宗教革命及回教基本主義浪潮，敍既與伊朗合作，則自然成爲伊朗與西方、伊朗與阿拉伯世界間之溝通橋樑，敍國際地位大爲提昇，甚至常以阿拉伯

領袖國家自居，與伊朗溝通。譬如敍常透過與伊朗之關係，設法從親伊朗之黎什葉聖戰組織營救人質。一九八七年八月初，麥加清眞寺暴動前夕，阿塞德曾與伊朗溝通，警告勿危害沙鳥地阿拉伯之安全。(三)阿塞德成功運用敍伊朗聯盟關係，聯結黎境伊朗革命衞隊，和親伊朗什葉神黨(the Shi'i Hizballah)，使其從事恐怖活動，對付敍敵人，達到敍控制黎之目的 ⑱。

五、借助恐怖主義活動： 阿塞德的恐怖主義手段，實爲達成與以色列軍力平衡的輔助方法。恐怖主義主要方法爲：（一）暗殺：如一九七七年敍情報員暗殺德魯士左派領導卡默爾鍾布拉特，一九八二年敍又派人暗殺巴希爾賈梅耶。（二）爆炸：在飛機、汽車、建築物安置炸彈引爆。若干隷屬眞主黨回敎恐怖團體，如回敎聖戰組織在世界各地發動多起恐怖攻擊，敍均有涉及，其或提供基地，庇護、幫助訓練恐怖分子或幕後參與之。譬如敍在大馬士革設有五個基地，黎貝卡山谷等地至少有廿個基地，專供阿拉伯恐怖組織使用。在敍境庇護至少有九個阿拉伯恐怖組織，包括最兇悍之阿布尼達爾(Abu Nidal)，其在中東及歐洲從事暗殺超過兩百起 ⑲。美國務院一九八六年十一月十四日發布之消息指出，自一九八三年以來所發生之四十六次恐怖事件（不包括所有恐怖事件在內）顯示敍均有涉及，一九八六年涉及五次恐怖事件 ⑳。一九八三年十月廿三日最血腥之貝魯特美海軍陸戰隊總部大廈及法傘兵基地爆炸案，造成二四一名美軍及五十九名法軍喪生，據悉亦與敍有關。一九九二年四月時代雜誌揭發一九八八年十二月廿一日蘇格蘭洛克比上空泛美一〇三班機爆炸案，敍亦幕後支持之。（三）刼機：如解放巴勒斯坦人民陣線組織 (the Popular Front for the Liberation of Palestine) 領袖哈巴希 (Habash) 首創刼機恐怖行動，回教聖戰組織在一九八四年至一九八九年先後刼持數架民航機，敘均難逃指責。(四)綁架：綁架西方人質，雖主要由眞主黨（一九八二年由伊扶持成立，核心成員三千五百人，能動員數千伊朗革命衞隊，伊朗財力援助之）所爲，但敘、伊朗提供情報，幕後參與之。

此外，值得一提者是，敘在黎進行之恐怖活動，主要係交由敘社民黨執行。敘社民黨在阿塞德卵翼下，一九八〇年代變得極爲強大，其不再像過去般躲躲藏藏，現在黎境均公開進行陰謀活動，來去自如，充滿活力。敘幫助敘社民黨籌措經費，供應武器，使其在黎內戰中扮演重要角色。敘社民黨在敘控制之黎境設有辦事處、基地。一九七五年謠傳敘社民黨不但擁有三千民兵，還有一海軍單位控制的黎波里以南一部分黎領土。敘社民黨還可利用敘媒體傳播大敘訊息，敘社民黨則提供其在貝魯特以東勢力範圍內之基地，供敘使用 ⑯。一九八六年七月，敘社民黨加入解放巴勒斯坦人民陣線，發動對以色列之攻擊行動。其亦爲敘利亞從事多項危險性極高的自殺性攻擊行動，有謂其是敘最可靠的恐怖主義工具，此組織宣稱其涉及一九八二年暗殺黎總統巴希爾賈梅耶之行動，一九八三年美陸戰隊軍營爆炸案，及一九八五、一九八六年初七起汽車爆炸案，敘社民黨成員皆泛敘利亞主義支持者，均將黎視爲敘一部分，或黎敘不分，並尊阿塞德爲其領袖 ⑫。

總而言之，阿塞德爲執行泛敘利亞主義，達到大敘利亞戰略計畫目標，不惜花費鉅資，重整軍備，建立龐大國防力量，以爲執行區域政策之工具。同時在國內，爲使其政策得到普遍

支持，更作了一番嚴密佈置和調整，譬如合法化政權，拉攏遜尼，以阿拉威人主控黨、軍、安全系統，結合巴斯黨、敍社民黨教條，模糊兩黨意識型態，配合施政，可謂相當成功。至於在國外策略，更是巧費心思設計，忽左忽右，以敵制敵，靈活運用策略。不但在美、前蘇聯間縱橫捭闔，運籌帷幄，更在軍力上達成與以色列平衡，使以不敢輕敍，而且利用伊朗、恐怖主義活動等，　遂行所願，　阿塞德實不愧被稱爲當代中東最偉大、最成功之謀略家。

第 十 章
泛敍利亞主義之影響

　　泛敍利亞主義誠爲當今中東地區歷史最久長，影響最深遠的思想意識型態，其對中東政局的影響是全面性的。無論在思想意識型態上，或中東各主要國家關係上，甚或敍利亞本身，均可見受泛敍利亞主義衝擊，遺留的深刻痕跡，造成直間接或正負面的效果，值得吾人深思，故特分成思想意識型態、中東國際關係、敍利亞本身三方面，探討泛敍利亞主義對其所造成之影響。

　　一、在思想意識型態方面：可分成以下三點。

　　(一)激盪泛阿拉伯主義之產生：二次大戰期間及其後，埃及見到泛敍利亞主義聲勢浩大，唯恐出現大而統一之大敍利亞國，威脅埃及利益，同時爲了徹底掃除阿拉伯世界英法殖民帝國勢力，遂訴諸全阿拉伯人的團結合作，鼓吹泛阿拉伯主義，利用巴勒斯坦問題，挑起阿拉伯人仇外情緒。埃及認爲大敍利亞統一，固可成爲大阿拉伯統一之基礎，但其畢竟僅侷限於大敍利亞一隅，格局太狹隘。埃及認爲大敍利亞應放眼阿拉伯世界，擴而充之，使包括整個阿拉伯世界，成爲泛阿拉伯。因之，埃及由泛敍利亞主義衍生出泛阿拉伯主義，並認爲埃及在阿拉伯歷史上，自古卽居於權力中心地位，故埃及應爲阿拉伯領導國家，埃及總統納瑟更自命爲阿拉伯國家領袖，肩負阿拉

伯統一使命 ⑯。

(二)刺激回敎(伊斯蘭)基本主義興起:所謂回敎基本主義卽激進伊斯蘭主義 (Radical Islamism),是回敎的宗敎復興運動。回敎基本主義產生之原因複雜,泛敍利亞主義僅為其中一較次要因素。阿塞德雖有與回敎激進分子掛勾,鼓勵恐怖活動,但僅為戰略性聯盟,由於泛敍利亞主義強調世俗主義、社會主義, 與回敎基本主義主張實施回敎法律 、 建立回敎政權、消滅世俗主義相抵觸, 故不為其所喜,回敎基本主義歸咎社會主義、世俗化是阿拉伯人戰爭失利、外交失敗之主因。回敎基本主義傳統最重要組織:回敎兄弟會,一九二八年在埃及成立, 卽以推翻所有世俗政黨 、 政權為職志。一九七九年六月, 回敎兄弟會在敍利亞阿勒坡軍事學校暗殺六十個, 幾乎悉數為阿拉威之軍官, 一九八〇年七月, 回敎兄弟會甚至暗殺阿塞德未遂, 造成阿塞德在一九八二年大肆逮捕、殲滅哈馬城三萬遜尼(佔當地人口十分之一)之舉動 ⑭。

(三)助長巴勒斯坦分離主義(Palestinian Separatism):二〇年代以前, 巴勒斯坦人原支持哈希邁家族領導之泛敍利亞主義,因為他們認為大敍利亞可成為巴勒斯坦有力保護者,對抗猶太復國主義。倘其人口與大敍利亞人口合併,勢將形成絕對多數, 推翻以色列欲改變巴勒斯坦猶太人口結構野心。但是一九二〇年七月敍利亞王國不幸為法國摧毀,頓使巴勒斯坦人對哈希邁家族之大敍利亞理想失去信心。在耶路撒冷穆夫提:胡賽尼及其表兄弟 (Musa Kazim al-Husayni, Musa Abdullah el-Husseini) 號召下, 尋求發展巴勒斯坦自己的泛敍利亞野心——巴勒斯坦分離主義。 胡賽尼計畫從英國手中控制巴

勒斯坦， 一九三四年， 一著名巴勒斯坦分離主義分子卡烏濟
（Fawzial-Qawuqji）加入胡賽尼，計畫推翻阿布都拉政權，
及其聯合外約旦、巴勒斯坦之野心。一九四一年十一月， 胡賽
尼與希特勒（Adolf　Hitler）談到其爲統一巴勒斯坦、敍利
亞、伊拉克所作之努力，並自認爲大巴勒斯坦領袖。胡賽尼親
信謂：一旦巴勒斯坦被允許獨立，巴勒斯坦將考慮與其他阿拉
伯國家進行統一。 近年來， 巴勒斯坦人對西岸解決方案愈熱
衷， 則愈遭受敍利亞之敵視與破壞 ⓰。譬如阿塞德暗地阻礙巴
勒斯坦革命運動， 沒收其武器， 關閉其辦公處所， 抹殺巴勒
斯坦人對巴解認同等。巴勒斯坦人謂阿塞德政權對抗巴勒斯坦
人， 勝過以色列 ⓰。法巴解同情者馬利（Simon　Malley）亦
謂：不住在敍境之巴勒斯坦人均認爲敍阿拉威政府爲最壞敵人。
以前國防部長拉賓（Yitzhaq Rabin）也說： 敍利亞爲巴解第
一號敵人，粗暴對付違反敍利亞意志者 ⓰。一九八二年巴解在
黎南遭以重創，同年十月阿拉法特改採溫和路線，以外交折衝
挽救巴解命脈，展開與約旦謀和行動，並於一九八五年二月十
一日達成雙方聯合行動架構協定，但卻爲敍支持之強硬派系所
打消，阿塞德譏諷阿拉法特想要實現登上西岸迦薩迷你小國第
一任總統夢想 ⓰。但是，巴解愈挫愈勇，巴勒斯坦分離主義愈
趨濃厚，一九八七年十二月九日開始之西岸暴動，在在證明阿
拉法特在以佔領地之聲望如日中天，擁有廣大效忠者之支持，
被視爲巴勒斯坦人唯一領袖。

　　二、在中東國際關係方面: 可分成四點說明。
　　(一)促成阿拉伯聯盟之建立：一九四五年三月廿二日，埃
及、沙烏地阿拉伯、伊拉克、敍利亞、黎巴嫩、也門、外約旦

七國，在開羅簽署阿拉伯聯盟條約，建立阿拉伯聯盟。阿拉伯聯盟之建立，對於中東政治影響頗深，其不但成為埃及執行反帝國政策之工具，也成為阿拉伯國家團結合作的表徵，迄今在中東政壇上，依然扮演調解、仲裁中東各國紛爭的最高權力機構。而當年促成阿盟建立的有力因素，即是泛敍利亞主義。前已述及，二〇年代中至四〇年代，約旦國王阿布都拉熱衷大敍利亞計畫，再加上四〇年代初，伊拉克在英國支持之下，推出肥腴月灣聯盟計畫，引起埃及、沙烏地阿拉伯極大憂慮，惟恐計畫得逞，勢將在阿拉伯半島北方出現強有力且敵對的大敍利亞國家，於是埃及、沙烏地阿拉伯在伊拉克提出肥腴月灣聯盟計畫後，反應甚為冷漠。待伊拉克飽受重挫絕望後，埃及卻取而代之，轉趨主動，獨攬建立阿盟構想。一九四三年三月開始，埃及積極行動，對泛阿拉伯統一表現高度興趣，與沙烏地阿拉伯共同運作，創立一以埃及為主軸，並且包括所有阿拉伯國家在內之鬆散官方機構，並獲得英美支持，目的在迫使任何有大敍利亞意圖之國家，自動放棄改變現有國家疆界念頭，宣佈大敍利亞計畫終結，或將之束諸高閣 ⑩。

(二)影響黎巴嫩政局安定：泛敍利亞主義推動，首當其衝者，即黎巴嫩，故泛敍利亞主義是造成多年來黎巴嫩政治理念分裂、局勢不安，及現今政治趨向穩定之主要原因。

前已述及，泛敍利亞主義為黎基督徒所創，吸引少部分基督徒（希臘正教）及回教徒認同，認為恢復歷史疆界的大敍利亞為黎巴嫩希望所寄。然而大部分基督徒，特別馬龍派基督徒反對泛敍利亞主義，而傾向以黎巴嫩為優先的黎巴嫩民族主義，認同法等西方國家，主張與西方維持密切經濟、文化關

係，藉以保障黎巴嫩主權獨立，領土完整。對於大量湧入的巴勒斯坦難民，及其在黎南形成國中之國，時常從黎南發動對以突擊，造成以大肆轟炸黎南報復，極為不滿。而黎境遜尼阿拉伯人，對黎巴嫩政權始終無效忠之意，本傾向泛敍利亞主義，嚮往與以遜尼回教徒為主之敍利亞合併 ⓰。但當泛敍利亞主義逐漸成為少數族羣信仰後，遜尼回教徒則改宗埃及提倡之泛阿拉伯主義，黎巴嫩政治理念由此分裂。

　　黎政治理念分歧，再加上種族、宗教派系傾軋，教派性質權力分配不均，導致一九七五年終於爆發內戰。一九七六年四月，敍軍三千以阿盟授權靖亂之名（阿盟在敍軍入黎後，於一九七六年六月十日召開緊急會議，通過同意敍建立以敍軍為主之多國部隊入黎），進入黎北，綏靖黎局。一九八六年七月，敍精銳部隊入西貝魯特，恢復秩序，一九八七年二月廿二日，敍軍七千進駐西貝魯特，結束回教各派系民兵統治。一九九○年十月十三日敍黎聯軍摧毀黎基督教將領艾溫民兵，結束長達十六年黎內戰 ⓱。至今敍仍駐軍三萬在黎貝卡山谷，並控制黎三分之二領土及決策當局，雖然短期間仍不能合法化控制黎局，整合黎於大敍利亞戰略計畫中。但在敍操縱下，卻也實現多年來控制黎局，維持黎政治安定之宿願。一九九一年五月，敍黎雙方簽訂條約，透過條約中之政治、經濟、軍事條款，建立敍黎間特殊緊密聯繫。

　　(三)約旦外交陷於孤立：泛敍利亞主義對約旦衝擊、影響亦甚大，二○年代以迄四○年代，阿布都拉熱衷大敍利亞，一心想望成為大敍利亞國王，為大敍利亞努力三十年，稱呼外約旦為大哈希邁王國（Greater Hashemite Kingdom）。一九

四九年至一九五○年初，約旦甚且與以色列單獨謀和，達成五年不侵犯條約（約旦可經以色列運輸物資，約旦、以色列在海法建自由地帶）。一九四九年三月下旬，雙方更秘密簽訂舒納（Shuna）協定（阿拉伯軍團沿前線讓以軍五哩縱深土地），埃及認爲約旦出賣阿拉伯國家，提議將約旦逐出阿盟，一九五○年五月十五日阿盟復譴責約旦兼併西岸，雖然最後約旦仍留在阿盟，但自此外交備受孤立，只能在夾縫中求生存。及至阿布都拉之孫胡笙繼位後，野心未泯，對於泛敍利亞仍然感到興趣，稱呼約旦爲聯合阿拉伯王國（United Arab Kingdom）。但胡笙的野心，亦帶給約旦許多政治負擔。譬如巴勒斯坦人大量進入約旦，形成國中之國，同時無視約旦主權，在約旦境內發動對以突擊，遭致以大力報復。抑有進者，巴勒斯坦士紳積極參與約旦國會選舉，欲動搖約旦國本，因之，造成一九七○年約旦內戰，驅逐巴解之行動 ⓜ。

胡笙始終宣稱對西岸之主權要求，駁斥敍謂巴勒斯坦（約旦河東西兩岸）爲南敍利亞，而反譏敍利亞是北約旦，卽使在一九七四年拉巴特阿拉伯高峯會議剝奪約旦對西岸主權要求後，胡笙表面上放棄西岸主權要求，事實上，仍堅持其祖父阿布都拉遺緒 ⓜ。譬如，一九八二年巴解力量被削弱後，胡笙更大膽重申對巴勒斯坦之要求，政府出版物：《佔領地事務》（Occupied Land Affairs），封面畫有委任統治時期之巴勒斯坦地圖，暗示約旦要求擁有整個巴勒斯坦。其他跡象如：約旦國王胡笙言談有如一巴勒斯坦人，約旦政府有大筆預算投資西岸開發計畫。約旦國會領袖費伊茲（'Akif al-Fayiz）宣佈：約旦河東西岸人民毫無差別，爲同一人民與家庭，並期望此一

家庭恢復歷史角色。前約旦東耶路撒冷市長哈第布（Anwar al-Khatib）謂：巴勒斯坦、約旦、敍利亞，直到一九一八年英法佔領劃分之前，屬於同一家庭，故不管今日人民居住在巴勒斯坦、約旦或敍利亞，其實均無所差別❼。

當然這些論點，也爲約旦帶來許多政治難題，外交備受孤立。譬如波灣戰前，約旦境內巴勒斯坦居民已佔約旦人口百分之七十，爲保持國內局勢穩定，不得不附和巴勒斯坦人反美仇以之情緒，倒向伊拉克，但卻未料伊拉克遭受重創。戰後約旦處境極爲尷尬困難，不但得罪美國，損及長久以來約旦與美友好合作關係，而且也破壞約旦與沙烏地阿拉伯、科威特等波灣國家和諧友誼，再也無法獲得其提供之財政支援。特別與敍利亞之關係更形惡劣，敍對約旦在兩伊戰爭時，逃離敍牽制，靠攏伊拉克，已極不滿，波灣戰前，約旦復又支持伊拉克。一九八八年約旦斷絕與西岸政治、經濟、法律關係後，仍主張未來約旦與巴勒斯坦建立邦聯，敍爲此更加不滿。一九九〇年十一月約旦舉行廿二年來首次國會選舉，許多民眾不諱言，胡笙一旦去位，約旦將如黎巴嫩般，陷入內亂❼。

（四）埃伊分裂肇始：波灣戰爭，埃及反對伊拉克入侵科威特，加入聯軍攻打伊拉克之眞正目的，非同情蕞爾小國科威特，而是爲防止伊拉克軍力、財富過度膨脹。自古以來，開羅、巴格達卽是阿拉伯世界兩大權力中心，不斷競爭、較量尼羅河谷與美索不達米亞力量高下。廿世紀以後，埃伊關係分裂，肇始於三〇年代至一九五八年伊拉克對泛敍利亞主義（伊拉克稱肥腴月灣聯盟）之熱衷。前已述及，一九二一年敍利亞王國廢王費蘇爾，在英安排下成爲伊拉克國王，雖然其念念不忘大敍計

畫，但在英告誡下，至死未再涉入敍利亞政治。但其死後，其子加齊對泛敍利亞主義卻大有興趣，然因健康不佳，旋讓位年幼之費蘇爾二世。攝政王伊拉、賽德亦對大敍計畫熱心有加，欲藉英國之助，推展肥腴月灣聯盟計畫，並回報英加入中東區域聯防——巴格達公約（the Baghdad Pact），結果遭致埃及強力抨擊。一九五五年一月下旬，埃及提議召開阿盟譴責伊拉克，謂其破壞阿拉伯團結，成為帝國主義工具，有利以色列等。伊拉克反唇相譏，謂伊拉克與西方淵源深厚，且阿盟未禁止自衞結盟，再者與西方結盟，可獲武器援助對抗以色列，同時埃及、沙烏地阿拉伯當時均與英美簽訂條約，故無權批評伊拉克 [176]。雙方關係惡劣，為今日埃伊關係始終不睦，埋下種籽。

三、在敍利亞本身方面：可分成兩點。

(一)成就敍利亞為中東區域強權：特別在七〇年代，阿塞德重拾泛敍利亞主義路線後，阿塞德以超人的智慧和手腕，不僅為其贏得許多美譽（如極優秀戰略家、政治家、強硬談判者、偉大運作者、大敍之獅（the Lion of Greater Syria），以敏銳觀察、擅於分析國際事務見長）[177]，也提昇敍利亞地位，成為對抗以色列之新權力中心，及中東區域霸權國家。敍歷史上，第一次出現如此堅強、高度中央集權的政府，為敍帶來前所未有的安定秩序。表面上，公開場合中，阿塞德從未談及泛敍利亞主義，反而極力聲稱阿拉伯統一目標，承認黎巴嫩、約旦為分離實體、巴解有建國權利 [178]，不但討好廣大阿拉伯世界遜尼回教徒歡心，並且也獲得溫和阿拉伯國家友誼，及美、前蘇聯幕後支持。但實際上反對之，並為泛敍利亞主義作

出許多努力，因此亦滿足國內少數族羣之願望，使敍利亞獲致空前成就，今日無一國能忽視敍利亞在中東之樞紐地位。

（二）促敍積極介入中東和談：自一九六七年中東第三次阿以戰爭之後，敍原本排斥以和平談判方式解決阿以衝突，拒絕中東國際和會召開。一九七四年以後，敍利亞在泛敍利亞政策指引下，對外關係開展，始有一全方位考慮，較能高瞻遠矚，推陳出新，對一些外交癥結問題作彈性處理，使更有轉圜餘地。特別近年來，政治解決中東問題，已成各國共識。尤其一九八七年後，前蘇聯勢力急劇滑落，已不足恃。若仍抱殘守缺，採取親前蘇聯立場，誠大不智。於今之計，唯有親美，結納西方，方能獲利。特別約旦、巴勒斯坦急於與以色列謀和情況下，敍倘裹足不前，勢將坐失良機。於是敍在一九八八年開始改變態度，積極參與和談（一九八八年，阿拉伯國家宣佈接受聯合國決議，政治解決巴勒斯坦問題），一九八九年十二月敍與埃及復交，以爲進一步與美合作之前奏。一九九〇年十月十三日，美示惠於敍（美默許敍黎聯軍擊潰親伊之黎基督教將領艾溫，結束黎內戰）。一九九〇年十一月廿三日，美前總統布希（Bush）更與阿塞德在日內瓦作歷史性會談，本欲恢復兩國外交關係，後爲美國務院所阻。波灣開戰前，敍更獲美保證將戈蘭高地，列入未來中東和會談判議程**⑲**。

波灣戰後，中東和會在一九九一年十月卅一日順利召開，敍爲制止約旦、巴勒斯坦搶先與以色列達成協議，建議採取統一口徑，在以色列未作領土讓步前，阿拉伯國家不得單獨與以議和。在一九九二年九月中旬之第六回合中東和談，敍拔得頭籌，與以色列談判進展神速，甚至討論到戈蘭高地安全事宜。

會議閉幕前，敍外長夏拉會晤美前國務卿伊戈伯格 (Lawence Eagleberger)，發表戲劇性聲明，敍利亞表示願與以色列全面和平，交換以色列完全撤出佔領地，使巴勒斯坦人備感驚訝，因敍以倘就戈蘭高地達成具體協議，緊接著黎以之間，亦將可能簽訂黎南協定，如此一來，巴勒斯坦、約旦必將陷入孤立、進退兩難之局 ⑩。

結　語

　　泛敍利亞主義在今日敍利亞行之有年後，出現了若干問題。譬如（一）論者有謂，敍利亞阿塞德採行之務實泛敍利亞主義充滿虛僞與做作。因爲在國內，阿塞德政權實際是建立在阿拉威少數族羣基礎之上，但卻假裝具有廣大基礎。在外交事務上，敍利亞實際係尋求泛敍利亞政策，但表面上卻標榜大阿拉伯統一。（二）政治危機：遜尼回教徒、回教兄弟會等仍堅持泛阿拉伯主義路線，反對阿塞德以阿拉威族羣爲基礎，建立少數獨裁政權。一九八〇年代初並形成「解放敍利亞反阿塞德民族聯盟」(anti-Asad National Alliance for the Liberation of Syria) [181]，嚴重威脅阿塞德政權。（三）經濟困難：自一九七六年以來，敍長年介入黎內戰，並派大軍駐紮黎境，終使本已呈現衰退之經濟（因國際貿易逆差，通貨膨脹等因素所造成），更加枯竭 [182]。（四）敍聯合伊朗對付伊拉克，已使伊朗影響力大量滲入黎境，黎親伊朗眞主黨勢力因之坐大，威脅敍利益及戰略地位 [183]。

　　不過大體而言，泛敍利亞主義是符合敍利亞當前國家利益的，特別阿塞德模糊、混淆的作法，有實質好處，因其提供敍利亞一極廣闊且富彈性的活動空間。阿塞德有生之年，必然堅守泛敍利亞主義，但若病危或過世，情況恐將有異，繼任者會

否支持原政權合法性？是否維持既定政策？其能力是否足以媲
美阿塞德等等，均有待觀察。

　　總而言之，一次大戰後，列強分裂阿拉伯世界，瓜分大敍
利亞爲敍利亞、黎巴嫩、約旦、巴勒斯坦，所引發的疆界問
題，迄今數十年依然存在，且愈發尖銳。只要一日此一問題不
獲解決，泛敍利亞主義必將是大敍利亞居民心中的想望，不惜
流血犧牲、前仆後繼，追求大敍利亞計畫之實現。譬如敍利亞
希望達成以大馬士革爲中心的大敍利亞戰略計畫，無需假手哈
希邁家族完成之。約旦嚮往入主大馬士革，重現失去之敍利亞
王國光榮。巴解要求在西岸、迦薩獨立建國，或與約旦在未來
形成邦聯，甚至達成整個巴勒斯坦之統一。伊拉克亦有野心推
動以伊拉克爲主軸之肥腴月灣聯盟。因之，可以確定的是，阿
拉伯世界的紛爭與擾攘不安必將持續不綴。由此可見，泛敍利
亞主義是不容忽視，是極其重要，且值得吾人研究的課題。唯
有從此一課題著眼，吾人才能深究中東問題的核心，探討巴勒
斯坦癥結的來龍去脈。特別今日，美國積極推動中東和談之
際，瞭解泛敍利亞主義，有助於認識錯綜複雜的中東國際關係
及敍利亞政治。

　　多年來，吾人在能力範圍內，盡可能搜集相關資料，對此
一問題，作一週詳、系統之分析，並將之彙集成書。吾人以爲
應有其一定之貢獻。譬如在學術領域上，可補充中東區域研究
之不足。個人深覺目前坊間尚少類似著作，縱然偶有新聞媒體
之報導，但失之片斷，或純屬表象、泛泛之談。故本文選擇此
一看似冷僻、狹隘，實則熱門、牽涉廣泛之專題，釐清許多
阿拉伯世界糾葛、紛亂之癥結。讀者必可由此開啓中東問題之

鑰，尋找到許多疑點之答案。其次，在實務方面，本文亦可提
供從事外交實務工作者更深入剖析中東問題之途徑，使作出正
確決策制定。特別在當前我國面臨對外關係困境，卻又極思扮
演與國力相當之角色情況下，更應有全方位之國際觀，重視中東
問題，瞭解中東問題。泛敍利亞主義之研究，當使其更能掌握
方向，正確評估中東國家外交關係。對美外交決策者而言，在
積極籌劃推動中東和談之際，泛敍利亞主義之研究，當更能指
引其衡平考量阿拉伯各國處境，撫平不滿情緒，提出客觀、具
體可行的方案來。

註　釋

❶ George Lenczowski, *The Middle East in World Affairs,* fourth edition (Ithaca and London: Cornell Univ. Press, 1982), p. 737.

❷ Ibid., p. 79.

❸ Ibid., p. 315.

❹ Ibid., p. 76.

❺ Ibid., p. 329.

❻ Ibid., p. 782.

❼ Ibid., p. 320.

❽ Ibid., p. 737.

❾ Daniel Pipes, *Greater Syria—The History of an Ambition,* (New York Oxford: Oxford Univ. Press, 1990), p. 143.

❿ Ibid., p. 88.

⓫ Ibid., p. 14.

⓬ Ibid., p. 40.

⓭ Ibid., p. 144.

⓮ Ibid., p. 48.

⓯ Ibid., p. 3.

⓰ 1987新編大不列顚百科全書中文版，臺北，丹靑圖書有限公可，民國76年，16冊，頁328。

⓱ Daniel Pipes, op. cit., p. 19.

⑱　Ibid., p. 36.

⑲　Ibid.

⑳　Ibid., p. 46.

㉑　George Lenczowski, op. cit., pp. 40-43.

㉒　Ibid., pp. 58-59.

㉓　Daniel Pipes, op. cit., pp. 13-14.

㉔　Ibid., pp. 13-15.

㉕　Ibid., pp. 40-43.

㉖　Ibid., pp. 43-45.

㉗　朱張碧珠，納瑟主義與埃及政治，臺北，自刊本，民國75年，頁
　　18。

㉘　Daniel Pipes, op. cit., pp. 36-37.

㉙　George Lenczowski, op. cit., pp. 766-767.

㉚　Daniel Pipes, op. cit., pp. 45-48.

㉛　Ibid., pp. 46-47.

㉜　Ibid., pp. 47-48.

㉝　Ibid., p. 34.

㉞　George Lenczowski, op. cit., pp. 314-315.

㉟　Daniel Pipes, op. cit., p. 34.
　　William R. Polk, *The Arab World Today,* (Cambrigde:
　　Harvard Univ. Press, 1991), pp. 83-84.

㊱　Daniel Pipes, op. cit., pp. 33-36.

㊲　Moshe Ma'oz, *Asad—The Sphinx of Damascus,* (New
　　York: Grove Weidenfeld, 1988), pp. 3-6.

㊳　George Lenczowski, op. cit., pp. 76-77.

㊴　Daniel Pipes, op. city., p. 34.

㊵　William R. Polk, op. cit., p. 343.

㊶ George Lenczowski, op. cit., p. 767.

㊷ Daniel Pipes, op. cit., p. 16.

㊸ Ibid., p. 18.

㊹ Ibid., pp. 16-18.

㊺ Ibid., p. 21.

㊻ Moshe Ma'oz, op. cit., p. 2.

㊼ George Lenczowski, op. cit., pp. 314-315.

㊽ Ibid., p. 41.

㊾ Daniel Pipes, op. cit., 21.

㊿ Ibid.

(51) George Lenczowski, op. cit., pp. 62-65.

(52) Ibid., pp., 792-793.

(53) Ibid., p. 99.

(54) Ibid., p. 315.

(55) Ibid., pp. 794-799.

(56) 陳志奇，巴勒斯坦爭端的形成，臺北，幼獅文化事業公司，民國64年，頁34。

(57) George Lenczowski, op. cit., pp. 82-84.

(58) Ibid., pp. 84-87.

(59) Ibid., p. 97.

(60) Ibid., p. 397.

(61) Ibid., p. 331.

(62) 朱張碧珠:「中東和平的展望 —— 以色列的困境」, 亞洲與世界文摘, 10卷 3 期，民國78年 3 月 1 日，頁69。

(63) Daniel Pipes, op. cit., p. 14.

(64) George Lenczowski, op. cit., pp. 58-59.

(65) Daniel Pipes, op. cit., pp. 36-37.

66 George Lenczowski, op. cit., pp. 80-81.

67 Ibid.

68 Ibid., p. 68.

69 Ibid., pp. 67-68.

70 Daniel Pipes, op. cit., pp. 26-27

71 George Lenczowski, op. cit., pp. 470-471.

72 Daniel Pipes, op. cit., p. 53.

73 Ibid., pp. 53-54.

74 Ibid., pp. 100-101.

75 Ibid., p. 109.

76 Ibid., pp. 100-106.

77 Ibid., pp. 59-60.

78 Ibid., p. 89.

79 George Lenczowski, op. cit., pp. 736-737.

80 Ibid., p. 738.

81 Ibid., pp. 474-475.

82 Daniel Pipes, op. cit., pp. 93-94.

83 George Lenczowski, op. cit., p. 740.

84 Ibid., p. 472.

85 Ibid., p. 740.

86 Ibid., p. 332.

87 Ibid., pp. 328-334.

88 John F. Devlin, *The Ba'th Party—A History from Its Origins to 1966,* (Stanford: Hoover Institution Press, 1976), pp. 47-60).

89 George Lonczowski, op. cit., pp. 746-747.

90 Daniel Pipes, op. cit., p. 104.

(91) George Lenczowski, op. cit., p. 475.

(92) Daniel Pipes, op. cit., p. 99.

(93) Moshe Ma'oz, op. cit., pp. 113-114.

(94) Ibid., pp. 43-44.

(95) Ibid.

(96) Ibid., pp. 151-154.

(97) Ibid.. p. 181.

(98) Ibid.

(99) Moshe Ma'oz: "Profile: Hafiz al-Asad of Syria", *Orbis,* (Summer 1987), pp. 212-213.

(100) Moshe Ma'oz, op. cit., pp. 109-110.

(101) George Lenczowski, op. cit, pp. 350-352.

(102) 朱張碧珠，前揭書，頁73。

(103) Moshe Ma'oz, op. cit., pp. 109-110.

(104) Moshe Ma'oz and Avner Yaniv: "The Study of Syria" in *Syria Under Assad,* ed. Moshe Ma'oz and Avner Yaniv (London & Sydney: Croom Helm, 1986) pp. 1-2.

(105) George Lenczowski, op. cit., pp. 319-320.

(106) Daniel Pipes, op. cit., pp. 140-141.

(107) Ibid., p. 192.

(108) Ibid., p. 142.

(109) Moshe Ma'oz, op. cit., pp. 123-134.

(110) 石樂三:「卡薩布蘭加阿拉伯高峯會議」，問題與研究，28卷10期，民國78年７月10日，頁34。

(111) George Lenczowski, op. cit., pp. 358-359.

(112) Daniel Pipes, op. cit., p. 119.

(113) Moshe Ma'oz, op. cit., pp. 142-143.

⑭ Naomi Joy Weinberger, *Syrian Intervention in Lebanon— The 1975-76 Civil War,* (New York Oxford: Oxford Univ. Press, 1986), pp. 176-180.

⑮ 石樂三：「敍利亞進軍貝城與黎巴嫩未來局勢」，問題與研究，26卷 8 期，民國76年 5 月10日，頁35。

⑯ 同上註，頁42-43。

⑰ 同上註，頁36。

⑱ 林德昌：「黎巴嫩內部派系衝突之探討」，問題與研究，27卷 6 期，民國77年 3 月10日，頁70。

⑲ Moshe Ma'oz, op. city., pp. 115-117.

⑳ Ibid., p. 117.

㉑ George Lenczowski, op. cit., pp. 352-356.

㉒ Moshe Ma'oz, op. cit., p. 115.

㉓ Ibid., pp. 115-117.

㉔ Ibid., p. 119.

㉕ Ibid.

㉖ 朱張碧珠：「中東和平的展望 —— 兼論巴解的未來」，亞洲與世界文摘，8 卷 6 期，民國77年 6 月 1 日，頁60。

㉗ Moshe Ma'oz, op. cit., p. 136.

㉘ Ibid., p. 188.

㉙ Ibid., pp. 119-122.

㉚ Daniel Pipes, op. cit., p. 116.

㉛ Ibid., p. 138.

㉜ Ibid., pp. 137-138.

㉝ Ibid., pp. 136-137.

㉞ Ibid., p. 137.

㉟ 石樂三：「敍利亞進軍貝城與黎巴嫩未來局勢」，問題與研究，26卷

8期，頁40-42。

⑬ Daniel Pipes, op. cit., p. 160.

⑬ Ibid., pp. 163-165.

⑱ George Lenczowski, op. cit., p. 354.

⑲ Daniel Pipes, op. city., pp. 181-183.

⑭ George Lenczowski, op. cit., p. 355.

⑭ Moshe Ma'oz, op. cit., p. 143.

⑭ Daniel Pipes, op. cit., p. 155.

⑭ Moshe Ma'oz, op. cit., pp. 68-72.

⑭ Ibid., pp. 65-67.

⑭ Ibid., pp. 57-67.

⑭ Ibid., p. 55.

⑭ Daniel Pipes, op. city., pp. 125-126.

⑭ Ibid., p. 125.

⑭ Ibid., p. 193.

⑮ Moshe Ma'oz, op. cit., p. 185.

⑮ Ibid.

⑯ Don Peretz, *The Government and Politics of Israel,* Second edition, (Colorado: Westview Press, 1983), p. 245.

⑯ Moshe Ma'oz, op. cit., pp. 184-187.

⑯ Ibid., pp. 215-216.

⑯ Ibid., pp. 137-139.

⑯ 石樂三：「英敍斷交與歐美制裁敍利亞」，問題與研究，26卷3期，民國75年12月10日，頁56。

⑯ Moshe Ma'oz, op. cit., pp. 184-185.

⑯ Ibid., p. 192.

⑯ *U. S. News & World Report,* Nov. 10, 1986, p. 31.

⑯ 石樂三：「英敍斷交與歐美制裁敍利亞」，問題與研究，26卷 3 期，民國75年12月10日，頁54。

⑯ Daniel Pipes, op. cit., pp. 125-126.

⑯ Ibid., pp. 125-129.

⑯ 朱張碧珠，前揭書，頁18-19。

⑯ Moshe Ma'oz, op. cit., pp. 159-163.

⑯ Daniel Pipes, op. cit., pp. 136-137.

⑯ Ibid., pp. 137-138.

⑯ Ibid., p. 136.

⑯ 朱張碧珠：「中東和平的展望 —— 兼論巴解的未來」，亞洲與世界文摘，8 卷 6 期，民國77年 6 月 1 日，頁60-63。

⑯ George Lenczowski, op. cit., pp. 738-739.

⑰ 朱張碧珠：「擾攘不安的中東局勢 —— 黎巴嫩的前途」，亞洲與世界文摘，11卷 3 期，民國78年 9 月 1 日，頁69-70。

⑰ 朱張碧珠：「中東國際新情勢」，亞洲與世界文摘，14卷 3 期，民國80年 3 月15日，頁16-17。

⑰ 朱張碧珠：「從兩岸問題談中東和平」（上），時報雜誌，164期，民國72年 1 月23日～29日，頁26。

⑰ Daniel Pipes, op. cit., pp. 116-117.

⑰ Ibid.

⑰ 陳樂群譯：「約旦在波斯灣危機中的角色」，亞洲與世界文摘，14卷 3 期，民國80年 3 月15日，頁21。

⑯ George Lenczowski, op. cit., pp. 746-747.

⑰ Moshe Ma'oz, op. cit., p. 193.

⑱ Daniel Pipes, op. cit., p. 193.

⑲ 朱張碧珠：「中東國際新情勢」，亞洲與世界文摘，14卷 3 期，民國80年 3 月15日，頁16-17。

⑱ 朱張碧珠：「美國在中東和談策略之運用」，美國月刊， 7 卷 9 期，
民國81年 9 月，頁89。

⑱ Moshe Ma'oz, op. cit., p. 195.

⑱ Ibid., p. 194.

⑱ Ibid., pp. 191–192.

參 考 書 目

一、中文:

石樂三: 「動亂中的中東」, 問題與研究, 15卷11期, 1976年8月10日。

———: 「阿拉伯高峯會議與黎巴嫩和平」, 問題與研究, 16卷3期, 1976年12月10日。

———: 「伊拉克政權更替與伊、敍合併」, 問題與研究, 19卷1期, 1979年10月10日。

———: 「黎巴嫩新局勢、新動向」, 問題與研究, 23卷7期, 1984年4月10日。

———; 「一九八五年中東局勢的變化與前瞻」, 問題與研究, 25卷4期, 1986年1月10日。

———: 「英敍斷交與歐美制裁敍利亞」, 問題與研究, 26卷3期, 1986年12月10日。

———: 「敍利亞進軍貝城與黎巴嫩未來局勢」, 問題與研究, 26卷8期, 1987年5月10日。

———: 「卡薩布蘭加阿拉伯高峯會議」, 問題與研究, 28卷10期, 1989年7月10日。

朱張碧珠: 「從西岸問題談中東和平」(上)(下), 時報雜誌, 164期, 1983年1月23日—29日。165期, 1983年1月30日—2月5日。

———: 「談美國ABC黎南屠殺實錄」, 時報雜誌, 166期, 1983年2月6日—12日。

———: 納瑟主義與埃及政治, 臺北, 自刊本, 1986年5月。

＿＿＿＿＿：「中東和平的展望 —— 兼論巴解的未來」，亞洲與世界文摘，
　　　　8卷6期，1988年6月1日。

＿＿＿＿＿：「中東和平的展望 —— 以色列的困境」，亞洲與世界文摘，10
　　　　卷3期，1989年3月1日。

＿＿＿＿＿：「擾攘不安的中東局勢 —— 黎巴嫩的前途」，亞洲與世界文摘，
　　　　11卷3期，1989年9月1日。

＿＿＿＿＿：「中東和平的癥結 —— 伊拉克爭取阿拉伯世界的霸權」，亞洲
　　　　與世界文摘，12卷5期，1990年5月1日。

＿＿＿＿＿：「中東國際新情勢」，亞洲與世界文摘，14卷3期，1991年3
　　　　月15日。

＿＿＿＿＿：「美國在中東和談策略之運用」，美國月刊，7卷9期，1992
　　　　年9月。

吳劍燮：「中東和會與以阿糾紛之癥結」，問題與研究，31卷2期，1992
　　　　年2月10日。

金神保譯：一九八〇年代中東，臺北，商務印書館，1982年。

林德昌：「黎巴嫩內部派系衝突之探討」，問題與研究，27卷6期，1988
　　　　年3月10日。

陳志奇：巴勒斯坦爭端的形成，臺北，幼獅文化事業公司，1975年3
　　　　月。

陳樂羣譯：「約旦在波斯灣危機中的角色」，亞洲與世界文摘，14卷3
　　　　期，1991年3月15日。

張良任：美國與以、阿衝突，臺北，商務印書館，1985年。

郭壽華編著：中東列國通鑑，臺北，自刊本，1968年。

「撕下阿塞德的假面具」、「「獅羣保護者」不復往日雄風?」，美國新聞與
　　　　世界報導，1986年11月10日。

二、英文：

Abdel-Malek, Anouar. (1980). *Contemporary Arab Political Thought*. London: Zed Books Ltd.

Badran, Adnan. (1989). *At the Crossroads: Education in the Middle East*. New York: Paragon House.

Bakhash, Shaul. (1984). *The Reign of the Ayatollahs*. New York: Basic Books Inc.

Binder, Leonard. (1985). "United States Policy in the Middle East." in *Current History*.

Brown, L. Carl. (1984). *International Politics and the Middle East: Old Rules, Dangerous Game*. New Jersey: Princeton University Press.

Deeb, Marius. (1985). "Lebanon's Continuing Conflict." in *Current History*.

Devlin, John F. (1976). *The Ba'th Party: A History from Its Origins to 1966*. Stanford: Stanford University.

_____(1986). "Syria: Consistency at Home and Abroad." in *Current History*.

Fabian, Larry L. (1983). "The Middle East: War Dangers and Receding Peace Prospects." in *Foreign Affairs*.

Freedman, Robert O. (1986). *The Middle East: After the Israeli Invasion of Lebanon*. Syracuse: Syracuse University Press.

Fuller, Graham E. (1991). "Respecting Regional Realities." in *Foreign Policy*.

Heller, Mark A. (1991). "The Middle East: Out of Step With History." in *Foreign Affairs*.

Hiro, Dilip. (1982). *Inside the Middle East*. New York: Mc-

Graw-Hill Book Company.

Hopwood, Derek. (1985). Egypt: *Politics and Society 1945-1984*. 2nd ed., Boston: Allen & Unwin.

Hudson, Michael C. (1985). "The Palestinians After Lebanon." in *Current History*.

Hudson, Michael C. (1986). "United States Policy in the Middle East: Opportunities and Dangers." in *Current History*.

Hunter, Robert E. (1988). "United States Policy in the Middle East." in *Current History*.

—— (1987). "The Reagan Administration and the Middle East." in *Current History*.

Hunter, Shireen T. (1990). *Iran and the World: Continuity in a Revolutionary Decade*. Bloomington & Indianapolis: Indiana University Press.

Indyk, Martin. (1991). "Peace Without the PLO." in *Foreign Policy*.

Katz, Mark N. (1988). "Soviet Policy in the Middle East." in *Current History*.

Khalaf, Salah. (1991). "Lowering the Sword." in *Foreign Policy*.

Khalidi, Rashid I. (1991). "The Palestinians and the Gulf Crisis." in *Current History*.

Kienle, Eberhard. (1990). *Ba'th v Ba'th: The Conflict between Syria and Iraq 1968-1989*. London: I. B. Tauris & Co. Ltd.

Lenczowski, George. (1966). "Radical Regimes in Egypt,

Syria, and Iraq: Some Comparative Observations on Ideologies and Practices." in *The Journal of Politics*.

_____ (1971). *Soviet Advances in the Middle East*. Washington, D.C.: American Enterprise Institute for Public Policy Research.

_____ (1982). *The Middle East in World Affairs*. fourth ed., Ithaca and London: Cornell University Press.

Lustick, Ian. (1978). "Israel and Jordan: The Implications of an Adversarial Partnership." in *International Affairs*.

Magnus, Ralph H. ed. (1982). *Documents on the Middle East*. Washington, D.C.: American Enterprise Institute for Public Policy Research.

Malik, Habib C. (1992). "Lebanon in the 1990s: Stability Without Freedom?" in *Global Affairs*.

Ma'oz, Moshe and Yaniv, Avner. (1986). *Syria under Assad: Domestic Constraints and Regional Risk*. London: Croom Helm.

Ma'oz, Moshe. (1987). "Profile: Hafiz al-Asad of Syria." in *Orbis*.

_____ (1988). *Asad: The Sphinx of Damascus*. New York: Grove Weidenfeld.

Miller, Aaron David. (1988). "The Palestinians: The Past as Prologue." in *Current History*.

Nisan, Mordechai. (1992). "The Old Order Reborn: America and the Middle East." in *Global Affairs*.

Peretz, Don. (1983). *The Government and Politics of Israel*. 2nd., Boulder, Colorado: Westview Press.

Pipes, Daniel. (1986). "Two Bus Lines to Bethlehem." in *The National Interest*.

_____ (1990). *Greater Syria: The History of an Ambition*. New York: Oxford University Press.

_____ and Garfinkle, Adam. (1990). "President Arafat?" in *The National Interest*.

_____ (1991). "What Kind of Peace?" in *The National Interest*.

Piscatori, James P. (1986). *Islam in a World of Nation-States*. Cambridge: Cambridge University Press. The Royal Institute of International Affairs.

Polk, William R. (1991). *The Arab World Today*. Cambridge: Harvard University Press.

Quandt, William B. (1991). "The Middle East in 1990." in *Foreign Affairs*.

Rabinovich, Itamar. (1987). "Syria and Lebanon." in *Current History*.

_____ (1991). "Syria in 1990." in *Current History*.

Reed, Stanley. (1991). "Jordan and the Gulf Crisis." in *Foreign Affairs*.

Rodman, Peter W. (1991). "Middle East Diplomacy after the Gulf War." in *Foreign Affairs*.

Roumani, Jacques. (1983). "From Republic to Jamahiriya: Libya's Search for Political Community." in *The Middle East Journal*.

Rubin, Barry. (1991). "Reshaping the Middle East." in *Foreign Affairs*.

Tachau, Frank. (1975). *Political Elites and Political Development in the Middle East*. New York: John Wiley and Sons.

Vatikiotis, P. J. (1980). *The History of Egypt*. 2nd ed., Baltimore: Johns Hopkins University Press.

Waterbury, John. (1983). *The Egypt of Nasser and Sadat: The Political Economy of Two Regimes*. New Jersey: Princeton University Press.

Weinberger, Naomi Joy. (1983). "Peacekeeping Options in Lebanon."

_____ (1986). *Syrian Intervention in Lebanon: The 1975-76 Civil War*. New York: Oxford University Press.

Wilson, Mary C. (1987). "Jordan's Malaise." in *Current History*.

"An Interview with President Assad" (April 2, 1984), *Time*.

三民大專用書書目——國父遺教

三民主義	孫　　文　著	
三民主義要論	周　世　輔編著	前政治大學
大專聯考三民主義複習指要	涂　子　麟　著	中　山　大　學
建國方略建國大綱	孫　　文　著	
民權初步	孫　　文　著	
國父思想	涂　子　麟　著	中　山　大　學
國父思想	周　世　輔　著	前政治大學
國父思想新論	周　世　輔　著	前政治大學
國父思想要義	周　世　輔　著	前政治大學
國父思想綱要	周　世　輔　著	前政治大學
中山思想新詮 ——總論與民族主義	周世輔、周陽山　著	政　治　大　學
中山思想新詮 ——民權主義與中華民國憲法	周世輔、周陽山　著	政　治　大　學
國父思想概要	張　鐵　君　著	
國父遺教概要	張　鐵　君　著	
國父遺教表解	尹　讓　轍　著	
三民主義要義	涂　子　麟　著	中　山　大　學

三民大專用書書目——法律

商事法論（緒論、商業登記法、公司法、票據法）	張國鍵著	前臺灣大學
商事法論（保險法）	張國鍵著	前臺灣大學
商事法要論	梁宇賢著	中興大學
商事法概要	張國鍵著、梁宇賢修訂	臺灣大學等
商事法概要	蔡蔭恩著、梁宇賢修訂	中興大學
公司法	鄭玉波著	前臺灣大學
公司法論（增訂新版）	柯芳枝著	臺灣大學
公司法論	梁宇賢著	中興大學
票據法	鄭玉波著	前臺灣大學
海商法	鄭玉波著	前臺灣大學
海商法論	梁宇賢著	中興大學
保險法論	鄭玉波著	前臺灣大學
保險法規	陳俊郎著	成功大學
合作社法論	李錫勛著	前政治大學
民事訴訟法概要	莊柏林著	律師
民事訴訟法釋義	石志泉原著、楊建華修訂	司法院大法官
破產法	陳榮宗著	臺灣大學
破產法	陳計男著	行政法院
刑法總整理	曾榮振著	律師
刑法總論	蔡墩銘著	臺灣大學
刑法各論	蔡墩銘著	臺灣大學
刑法特論（上）（下）	林山田著	臺灣大學
刑法概要	周冶平著	前臺灣大學
刑法概要	蔡墩銘著	臺灣大學
刑法之理論與實際	陶龍生著	律師
刑事政策（修訂版）	張甘妹著	臺灣大學
刑事訴訟法論	黃東熊著	中興大學
刑事訴訟法論	胡開誠著	臺灣大學
刑事訴訟法概要	蔡墩銘著	臺灣大學
行政法	林紀東著	前臺灣大學
行政法	張家洋著	政治大學
行政法概要	管歐著	東吳大學
行政法概要	左潞生著	前中興大學
行政法之基礎理論	城仲模著	中興大學
少年事件處理法（修訂版）	劉作揖著	臺南縣教育局

書名	著者	任職機構
犯罪學	林山田、林東茂 著	政治大學等
監獄學	林紀東 著	前臺灣大學
交通法規概要	管歐 著	東吳大學
郵政法原理	劉承漢 著	成功大學
土地法釋論	焦祖涵 著	東吳大學
土地登記之理論與實務	焦祖涵 著	東吳大學
引渡之理論與實踐	陳榮傑 著	海基會
國際私法	劉甲一 著	前臺灣大學
國際私法新論	梅仲協 著	前臺灣大學
國際私法論叢	劉鐵錚 等著	司法院大法官
現代國際法	丘宏達 等著	馬利蘭大學等
現代國際法基本文件	丘宏達 編	馬利蘭大學
國際法概要	彭明敏 著	
平時國際法	蘇義雄 著	中興大學
中國法制史概要	陳顧遠 著	
中國法制史	戴炎輝 著	臺灣大學
法學緒論	鄭玉波 著	前臺灣大學
法學緒論	孫致中 編著	各大專院校
法律實務問題彙編	周叔厚、段紹禋 編著	司法院
誠實信用原則與衡平法	何孝元 著	
工業所有權之研究	何孝元 著	
強制執行法	陳榮宗 著	臺灣大學
法院組織法論	管歐 著	東吳大學
國際海洋法——衡平劃界論	傅崐成 著	臺灣大學

三民大專用書書目——政治・外交

書名	著者	機構
政治學	薩孟武 著	前臺灣大學
政治學	鄒文海 著	前政治大學
政治學	曹伯森 著	陸軍官校
政治學	呂亞力 著	臺灣大學
政治學概論	張金鑑 著	前政治大學
政治學概要	張金鑑 著	前政治大學
政治學概要	呂亞力 著	臺灣大學
政治學方法論	呂亞力 著	臺灣大學
政治理論與研究方法	易君博 著	政治大學
公共政策	朱志宏 著	臺灣大學
公共政策	曹俊漢 著	臺灣大學
公共關係	王德馨、俞成業 著	交通大學等
兼顧經濟發展的環境保護政策	李慶中 著	環 保 署
中國社會政治史(一)~(四)	薩孟武 著	前臺灣大學
中國政治思想史	薩孟武 著	前臺灣大學
中國政治思想史 (上) (中) (下)	張金鑑 著	前政治大學
西洋政治思想史	張金鑑 著	前政治大學
西洋政治思想史	薩孟武 著	前臺灣大學
佛洛姆(Erich Fromm)的政治思想	陳秀容 著	政治大學
中國政治制度史	張金鑑 著	前政治大學
比較主義	張亞澐 著	政治大學
比較監察制度	陶百川 著	國策顧問
歐洲各國政府	張金鑑 著	政治大學
美國政府	張金鑑 著	前政治大學
地方自治概要	管歐 著	東吳大學
中國吏治制度史概要	張金鑑 著	前政治大學
國際關係——理論與實踐	朱張碧珠 著	臺灣大學
中國外交史	劉彥 著	
中美早期外交史	李定一 著	政治大學
現代西洋外交史	楊逢泰 著	政治大學
中國大陸研究	段家鋒、張煥卿、周玉山主編	政治大學等